美學
Cultivate
Aesthetics
修煉

盤龍 William Pan ──── 著

目次 ——————— Contents

推薦序 —— 接觸藝術、修煉美學，啟動自我修復能力　006
　　　　｜吳東亮

推薦序 —— 一位信任藝術，兼具社會關懷與執行力的 CEO　012
　　　　｜沈昭良

推薦序 —— 美的追求是一道光｜許宗煒　016

推薦序 —— 身體力行的美學實踐者｜陳愷璜　020

自　序 —— 有獨立的審美能力，不再人云亦云　025

前　言　美學和你想的不一樣　031

PART I　想一下 ——
認識十七位思想巨擘的多元美學觀，
打開心靈之窗

Chapter 1　為什麼要認識「美學」？　047

Chapter 2　打開心靈視角的重要美學著作　055

Chapter 3　反映多元面向的重要美學觀點　097

PART II **看一下 ——**
吸收藝術場域的美學底蘊

Chapter 4   從美術館場域汲取生命養分   133

Chapter 5   西方重要藝術風格與特色   143

Chapter 6   改變人們觀看方式的近代藝術理論   163

PART III **按一下 ——**
攝影和數位時代的美學實踐

Chapter 7   從數位相機開始的美學之旅   203

Chapter 8   「生活美學」與「大眾美學」   209

Chapter 9   當代攝影美學的審美理論   221

Chapter 10 從「美顏相機」看大眾美學與心理學   243

後　記   以推廣美學為己任，開啟美好學習循環   269

美學與藝術相關條目解說

Chapter 2

亞里士多德《詩學》 ———————— 056

康德《判斷力批判》 ———————— 063

黑格爾《美學講演錄》 ———————— 071

克羅齊《美學作為表現科學與一般語言學》 —— 074

杜威《藝術即經驗》 ———————— 078

阿多諾《美學理論》 ———————— 084

亞瑟・丹托《藝術的終結》 ————— 090

蘇珊・桑塔格《反對解釋》 ————— 094

Chapter 3

柏拉圖的美學 ————————————— 098

休謨的美學 —————————————— 100

孟德斯鳩的美學 ———————————— 103

叔本華的美學 ————————————— 106

愛默生的超驗主義 —————————— 109

尼采的美學 —————————————— 112

伽達默爾的詮釋學美學 ——————— 116

克萊夫・貝爾的美學 ———————— 120

喬治・迪基的藝術制度理論 ———— 124

Chapter 5

史前時代到中世紀藝術 ——————— 146

文藝復興到後印象派 ———————— 151

象徵主義到當代藝術 ———————— 157

Chapter 6

心理分析 ⋯⋯⋯⋯⋯⋯⋯⋯⋯⋯⋯⋯⋯⋯⋯ 165

形式主義 ⋯⋯⋯⋯⋯⋯⋯⋯⋯⋯⋯⋯⋯⋯⋯ 168

表現主義 ⋯⋯⋯⋯⋯⋯⋯⋯⋯⋯⋯⋯⋯⋯⋯ 170

社會批判理論 ⋯⋯⋯⋯⋯⋯⋯⋯⋯⋯⋯⋯⋯ 171

現象學 ⋯⋯⋯⋯⋯⋯⋯⋯⋯⋯⋯⋯⋯⋯⋯⋯ 174

符號學 ⋯⋯⋯⋯⋯⋯⋯⋯⋯⋯⋯⋯⋯⋯⋯⋯ 178

結構主義 ⋯⋯⋯⋯⋯⋯⋯⋯⋯⋯⋯⋯⋯⋯⋯ 181

後現代主義 ⋯⋯⋯⋯⋯⋯⋯⋯⋯⋯⋯⋯⋯⋯ 183

解構主義 ⋯⋯⋯⋯⋯⋯⋯⋯⋯⋯⋯⋯⋯⋯⋯ 186

生態美學 ⋯⋯⋯⋯⋯⋯⋯⋯⋯⋯⋯⋯⋯⋯⋯ 189

互動美學 ⋯⋯⋯⋯⋯⋯⋯⋯⋯⋯⋯⋯⋯⋯⋯ 193

記憶理論 ⋯⋯⋯⋯⋯⋯⋯⋯⋯⋯⋯⋯⋯⋯⋯ 196

Chapter 8

生活美學 ⋯⋯⋯⋯⋯⋯⋯⋯⋯⋯⋯⋯⋯⋯⋯ 211

大眾美學 ⋯⋯⋯⋯⋯⋯⋯⋯⋯⋯⋯⋯⋯⋯⋯ 214

Chapter 9

決定性瞬間 ⋯⋯⋯⋯⋯⋯⋯⋯⋯⋯⋯⋯⋯⋯ 222

構圖理論 ⋯⋯⋯⋯⋯⋯⋯⋯⋯⋯⋯⋯⋯⋯⋯ 224

觀念攝影 ⋯⋯⋯⋯⋯⋯⋯⋯⋯⋯⋯⋯⋯⋯⋯ 227

生態攝影 ⋯⋯⋯⋯⋯⋯⋯⋯⋯⋯⋯⋯⋯⋯⋯ 228

社會紀實攝影 ⋯⋯⋯⋯⋯⋯⋯⋯⋯⋯⋯⋯⋯ 230

敘事攝影 ⋯⋯⋯⋯⋯⋯⋯⋯⋯⋯⋯⋯⋯⋯⋯ 233

主觀攝影 ⋯⋯⋯⋯⋯⋯⋯⋯⋯⋯⋯⋯⋯⋯⋯ 235

政治攝影 ⋯⋯⋯⋯⋯⋯⋯⋯⋯⋯⋯⋯⋯⋯⋯ 237

身分攝影 ⋯⋯⋯⋯⋯⋯⋯⋯⋯⋯⋯⋯⋯⋯⋯ 239

推薦序

接觸藝術、修煉美學，
啟動自我修復能力

吳東亮
（中華民國工商協進會理事長、台新金融控股股份有限公司董事長）

　　現在流行斜槓人生，我的好友商之器科技公司董事長盤龍，可說是企業界的代表性人物之一。他學的是電子工程，專精於軟體設計，從事醫療相關產業，卻又潛心修習美學，除了提升自我美學素養及審美能力，讓自己公司的產品從根本得到改變，提高了市場競爭力，同時也更進一步為台灣的文化創意產業貢獻一份心力。

品味美好是轉化的起點

　　他近日完成的《美學修煉：看見不一樣的世界，美學博士 CEO 教你打開視角拓展審美力》，是一本給企業人士接近藝術及美學的扎實工具書，論點精闢、連結人生，又兼具學理，可說是少見的美學入門好書。

　　到底為何人人都需要美學修煉？書中提到兩個非常有說服力的理由：

1. 內在心象不同，人生走向就不同

　　這是很根本的結論，一個懂得在生活中發現美的人，就可以超越環境，擁有更好的生命品質，他的人生選擇也會越來越好。因此作者以一個理工背景的 CEO，分享他如何透過美學修煉自我提升，很值得參考。大家無妨自問，到底你是要當一位被生活壓力驅動的勤奮工作者，還是帶著美感意識在生活，是一位具有生活品味和優雅性格的人？選擇不同，你人生遭遇的人

與事都會不同，人生走向一定因而不同。

2. 提升審美能力，啟動自我修復能量

　　這點也非常重要，未來職場競爭激烈，尤其是在 AI 加入職場後，人們的壓力大增，怎樣能讓自我得以修護？適時移轉注意力，讓自己能隨時處於人生有趣味、有美感的情境當中，正是舒壓及自我再造的必要條件，而接觸美好事物，懂得欣賞與感受美，就是這一把鑰匙。那麼，我們該怎麼做呢？作者認為當中的訣竅就在於：對我們的所思所感升起自覺，然後有意識的進行一場有趣的美學修煉。

看見美學對企業發展的無限潛力

　　我個人 24 年前創辦台新銀行文化藝術基金會，舉辦台新藝術獎，鼓勵當代藝術家創作傑出作品，自然心中也抱持著一種給社會帶來藝術養分、提升美學素養的

用心。雖然，當代藝術並非只是賞心悅目的美，有很多需要更多覺察與思考之處，但仍然必須跟美學靠近、運用美學。

　　有時候我們參加藝術活動及觀賞作品，或許還沒感受到美，但是沒關係，因為你已經開始能夠駕馭自己的注意力，不再只是被壓力占據所有心靈。可以說，只要接觸藝術、修煉美學，本身已經具有修復能力。

　　盤龍兄本身以攝影創作為起點，深入背後的深層美學思維，熱衷到甚至跑去國立臺北藝術大學（以下簡稱北藝大）美術系讀完博士學位，令我對他的熱情感到無比驚訝，他見證了一位企業家如何修煉自己的真實情況。他的經驗談自然比學院派的著作更親民而精要，他提出藝術重在實踐，而美學的範圍則比藝術更廣，它探討的是人如何感受到美，以及如何豐富自己的內在。

　　所以作者指出，由觀察角度來區分兩者，美學研究大致可分為「審美判斷」與「藝術評論」兩種主要的觀察者角色。審美判斷的重點在於個人對美的感受和判

斷，這種判斷是無利害關係且主觀的；而藝術評論則較多涉及對藝術作品的分析和評價，包括技術、風格、歷史背景等，可以更系統地分析和理解藝術作品的價值和意圖。

　　並不是人人都可以因為觀看或收藏藝術品就能做藝術評論，但人人都可以有自己的審美判斷，無關好壞，擁有自己的充分自由，這也是藝術最具有意義的地方。

　　我覺得增加自己的審美判斷力，是人人可以做到的。作者在第二部分「看一下 —— 吸收藝術場域的美學底蘊」中，就告訴大家如何接近藝術場域的方法，我特別注意到他說：「到美術館時，會先到它附設的咖啡店或餐廳坐一坐。」這是很好的方法，因為人們在觀賞藝術前需要先進入「藝術準備」，這個準備通常包含了場所、儀式感、框架與觀眾四個面向，美術館的咖啡廳至少有空間感、儀式感，還有觀眾。準備好了再進入藝術情境，會更有收穫，千萬別來去匆匆。

　　至於第三部分，則敘述了他的創作實踐「按一下

——攝影和數位時代的美學實踐」，當中很有趣的部分
是他由攝影理論出發，一直貫穿到生活美學及對美顏相
機所帶來的大眾美學，可說是做出了獨樹一幟、充滿洞
見的分析。

　　以上是我的小小讀書心得，作為一個金控的負責
人，不太有足夠的時間研讀有關美學的理論，但確實越
來越感受美學對企業發展的可能潛力，據說哈佛商學院
已開設美學課程多年，香港的恆生大學也即將開授藝術
與商業相關課程，期望盤龍兄這本新書可以成為這個領
域的經典之一。

推薦序

一位信任藝術，兼具社會關懷與執行力的 CEO

沈昭良

（華梵大學攝影與 VR 設計系教授、國家文化藝術基金會第九～十屆董事）

　　與盤龍董事長結識，應該是他在北藝大美術所攻讀博士的時候。當時他正在撰寫博士論文，需要針對從事攝影實務與教學的工作者進行深度訪談，因而輾轉找我引介相關領域的專業人士；之後，他也真的南北奔波，親自進行面訪。幾位受訪者朋友都對這位年輕時曾是拳擊手、同時又是上市上櫃公司的 CEO 感到嘖嘖稱奇，並對於他所投入的時間和認真程度，給出了極高的評價。

也許正是他曾經身為運動選手，以及現役專業經理人的背景，為他在攻讀美學博士的過程中，提供了強大的心理素質、基礎韌性與工作方法。

科技產業與美學藝術教育的驚喜相遇

據我了解，盤龍所經營的「商之器科技股份有限公司」（EBM Technologies），是一家主要以開發和銷售醫療影像科技軟體解決方案的公司，由於面對的是攸關醫療與人命的事業，堅持正直、社區、品質、創新、互通性和專業性，便成為盤龍長年以來的經營方針。在此同時，他也在公司治理與同仁互動中，導入藝術與美學內容，因為他相信接近藝術、接近美，除了能夠減輕工作壓力，更可以激發創意與想像力，幫自己和企業提升效能。

筆者曾於 2020 年麻豆大地藝術季中，策畫邀集跨世代、類型、語法的二十位攝影創作者，聚焦河道、流

域、景觀、產業、宗教、城市和人物等面向，拍攝台南母親河 ── 曾文溪的「潛行攝影計畫」。其間，並於總爺文化園區以大型／巨幅輸出的方式進行戶外展出。由於活動所需經費龐大，盤龍隨即在友人圈啟動募款活動，襄贊「潛行攝影計畫」的戶外展出，讓整個活動得以順利進行。這也是他嘗試在其他企業經營階層援引藝文贊助，進一步導引出企業社會責任的方向與可能，同時積極跨域擾動，實踐社區／社會參與的具體事例。

一本推動大眾與生活美學的指引工具書

他最新出版的《美學修煉：看見不一樣的世界，美學博士 CEO 教你打開視角拓展審美力》帶來很多省思。我請大家先想像一下，科技產業的 CEO 與高教系統中的藝術、美學理論的相遇，意即理性規格、系統、程序與感性纏繞、詮釋、描繪的碰撞，光是這樣組合，就相當有意思了。書中首先從他個人對生命、對藝術的

熱愛談起，逐步引導大家了解美學為何？如何修煉？如何觀看？

　　可以看到，盤龍將他在博士班所閱讀汲取的養分，像是美學大師的思想、各種藝術相關的理論、觀點與主張，透過他深具特色的 CEO 式分析與策略化，將冗長繁複的理論，以他自身的學習與認知，予以闡述濃縮，歸納出提綱挈領的重點，一方面有助於大眾踏入專業藝術鑑賞，為整體美學環境的素養基礎打底，也為日後可能的精進與深入研究，提供直接有效的索引。

　　難得見到有 CEO 不談經營管理與市場策略，反倒另闢蹊徑，聚焦藝術理論、美學觀點的統合性延展與應用，這也正是這本推動大眾與生活美學的指引工具書，最為與眾不同之處。

推薦序

美的追求是一道光

許宗煒
（比俊股份有限公司董事長、資深藝術收藏家）

　　盤龍兄是我的高爾夫球友，數年的相處，感覺到他處事的勤奮與認真，做人的謙虛與真誠，無意中具備了真與善，逐美之心油然而生，認為這是完備人生的必要，於是他動念寫書分享他的美學修煉，希望能夠盡一己之力，在獨善其身之外，盡棉薄之力分享眾生。

　　在書中，盤龍兄遍舉從古到今的十七位各學派的思想家，說明他們如何詮釋美學與藝術的表裡和介面關係，並遍數希臘、羅馬、文藝復興到當代的藝術風格與理論，濃縮整部西方藝術發展史，可謂深入淺出、鞭辟

入裡，其用心之誠與用功之深，令人佩服！

藝術即生活，生活即藝術

　　我是個藝術收藏者，以繪畫收藏為主，浸淫其中 30 餘年，美學的修煉就從鑑賞書畫入門。我修煉的法門是以藝術品作為載體，逐一鑽研學習，以此入精微而致廣大，從美感思維的萌芽到累積，用收藏來實踐，擴大美學的認知與感知；進而再從藝術品的美感體驗，擴大到周遭人、事、物的感受。落實「藝術即生活，生活即藝術」的理想氛圍，有著「雖不能至，亦不遠矣」的願想。

　　久而久之，我感覺到個人品味自然就會提高，而且是個人的風格獨具，不再只是一般從眾的行萬里路的閱歷，或讀萬卷書的知識；品味雖不能言喻，卻能讓人愉悅。所謂「美就在身邊不缺，缺的是發現」，講的就是缺少發現美的能力，這就是本書作者試圖引導與分享的獨到之處，他鼓勵大家要從有意識的修煉中獲得。

　　古希臘諺語有云：「一個有道德的人，必須具備美感。」可見美育是德育的一環，本書第三章陳述了蘇格拉底（Socrates）和柏拉圖（Plato）對美學的看法，也就是美與善不可分割，真正的美不是外表的美麗，更是內在的德行和智慧的體現。提升自身關於美感的修為與經驗累積，無形中也會提升道德修養。中國儒家也說：「志於道，據於德，依於仁，游於藝」，亦是另外一種從全方位的德育與美育，以養成美感的人生哲學觀。

修煉美學與品味美感是人生最好的禮物

　　雕塑大師朱銘曾說：「如果美是一種生命的覺醒，我想生命的無悔就在於當下對美的擁抱。」我相當認同，於是身體力行，將財富與身心投注在美感的擁抱中。從中我發覺：美感的多元，擴大我的欣賞領域；美感的層次，得以提升學習；美感的體認，讓我有所存捨；美感的豐富，讓我得到心靈的滿足；美感的誘人，

讓我長相寄託……美感的概念，幾乎適用於百業之上。

盤龍兄在經營企業、追求財富之餘，全心追求美學，又從事攝影創作，以作為對美感的實踐。除此之外，更進一步試圖引導與分享他的經驗給大眾。這種捨我其誰的心胸與作為，令我非常的欽佩。因為修煉美學與品味美感，這是個人的專屬樂趣，也是人生最好的禮物，而這份禮物只能自己送給自己。

生命中若沒有藝術、文學、音樂等等優美的事物參與，人類當然可以生存，生命依然繁衍，社會也將繼續發展，但若生命中有了美學與藝術的融合，生活的品質會更高，生命過程會更好，社會也會更和諧公正，這是可預見的。

德國詩人赫曼赫塞（Herman Hesse）有一首詩，「並不是每一本書／都會帶給你幸福／但書會幫助你／發現藏在你心裡的光」。但願讀者在讀完這本書後，能閃出心裡的那一道光，向著追求美感的路上奔去，不再落入闇黑之中。

推薦序

身體力行的美學實踐者

陳愷璜
（國立臺北藝術大學校長）

　　各種生命歷程的差異路徑，能夠遭遇的因緣與果業，都自有其一套隱微而不易為人所知的感性核心。當一個人深切地感受到需要透過書寫進行某種特定意義的表述傳達時，令人易感且最具感染力強度的，莫過於心性匯聚而成的決斷意志展現。

　　意志與表象世界之間，不獨主客體位階的流變與交替，外在性的終究虛無與生存內在精神核心的對位，時刻呼應著時空與理智因應內外不同世界、想像宇宙的曲折、變化。唯有透過深思冥想與感性意志，才足以肯

認（recognition）生命的偶發、跨越多舛善變的現實困境，擺脫純然的虛無 —— 那正是美學實踐引發意志力無可替代的生命驅力之展現。

從意志力到美學的自我鍛鍊，
邁向善美的直觀之境

　　我個人是透過盤龍具體意志力的幾重美學實踐，才意識到他在壯年階段以進行書寫所展開的另一層行動，它的必要性自明地貫穿在時延性所開展的差異時空當中、之裡、域外，無處不在地擴張，最終成為從身體力行的美學實踐回返美學理論跨越式筆記的分享與提示。脈絡的理解與掌握，從來就是知識建構理智的核心基礎功課，儘管脈絡難免挾帶著人類歷史發展的有限與偏見，但卻是思潮作為思辨鍛鍊與體現其相對價值的必要歷程；時間成為思想永續理解上的不可見陪伴，更是感性認識核心視野之所往！熱愛、感性、智慧，於盤龍身

上，我看到三個重要發展階段：

成為生命堅韌者：盤龍於青年時期，先是成為一個能夠自我惕勵、遵循嚴格意志鍛鍊、心念規訓，極具難度要求的拳擊手。拳擊場上的輸贏，從來都不是最終的單一標的！那是成為力量總成的能動性運用，是人體觀乎感知的無形動力學投射，敏銳地回應由主體對應客體的個體化時間回合，每一圈繞的對應，都是人生的全面性考驗，從身體強度到深層意志，拳擊形式只是它拓樸化（topology optimization）的動態認識樣態之一，外表帶點詼諧的暴力互動其實不是它的本質。盤龍因為年輕時的這般經歷，而獲取意志力實踐的第一筆自我敞開的能力，對一般人而言，這其實就是人生的第一桶金！

成為思考的實踐家：身為醫療軟體業「商之器」CEO，上市櫃並不代表唯一的獲利願景，善美的宏廣意志與擴張意圖，才是公司治理、永續的核心關鍵。特別是透過影像技術的科技應用、實踐，它更全面地立足於人的視角、人體的有限與奧祕，探索著人從信念、科技

到藝術美學的連鎖反應，透澈成為挑戰極限的一道人生
關卡，最後它才成為一門能夠回應時代、令人欽羨的新
創挑戰，並堅持不墜數十年。在這個過程中，廣泛跨領
域教育的專業化啟蒙，肯定是盤龍持續念茲在茲的超展
開，他很清楚：從可見與不可見的世界之中，體認實存
與可感世界的錯綜交會，可為人生嶄新階段凝聚出另一
番挑戰！

　　成為善美價值的積極學習者與寬厚分享：盤龍在事
業忙碌、開拓全球市場的同時，起心動念毅然投身於美
學知識，並且從理性到感性的全面性整合實踐。10 年
之後，過了知天命之年，成了美學博士！身旁看熱鬧的
人並不真能理解，是什麼樣人生或事業的成本概念在促
使著他？讓他勞其筋骨、苦其心志，受盡難以盡述的波
折、磨難，當中到底有什麼想要幻化而出的人生未竟之
功？

　　盤龍歷來的謙遜、努力、自我要求與規訓所凝聚而
成的善美之道，近乎就是他的人生價值寫照。如今，他

試著以此為基調，分享他如何直面生命、進入生活的知識備忘實錄，細數他在美學知識世界所體認的梗概，以及邁向善美的直觀之境，這樣的實踐可謂美學世界新增的獨特典範，而作為一個朋友與美學實踐的夥伴，也真心為他如此的全心熱切投注致敬、喝采！

　　　　　　　　　　　　　　　2024.12.16 於台北

自序

有獨立的審美能力，
不再人云亦云

　　出生於台灣經濟起飛之初的我輩，幾乎都有類似的經驗，早年到青壯年的人生精華時光似乎都耗費在考試、尋找好工作、努力賺錢、建立家庭，然後在養育子女與照顧長輩的社會性責任和重擔中，開始思索生命的意義。這大概可以算是這本書成形的大背景。

　　很多朋友都很好奇，在忙碌的公司經營之外，為何會對美學產生好奇與探索，從單純的興趣消遣，發展到專注研究，甚至認真跑去讀研究所，循規蹈矩寫完論

文？表面上這個特別的轉變似乎出於偶然，但我知道，這是我斜槓追尋之旅的必然。當中的契機，一方面也許是在歷經有如旱地拔蔥般的艱辛後，「商之器」終於站穩腳步、穩定成長，我也證明了自己有能力好好活下去；另一方面則有點像是不甘心人生的精華歲月都被工作占據，難道生命就只是為了五斗米折腰？童年時期對於藝術、對於美的模糊嚮往，似乎一直在內心深處冬眠著……也許很多人也跟我一樣，曾經在生命的某個困境中奮鬥，忙著殺出一條血路，直到某一天才逐漸發現：不再被生活所迫的自己，已經填飽肚子、穿暖身子，然後你會渴望釋放自己自由的腦子，希望能喚醒內在的幽微渴望。也許每個人的渴望不同，但對我來說，美感和美學的追求是我最核心的關懷。

追求美好的事物是人的天性

在我生長的那個年代，學校的美學教育經常被拿來

填充英文、數學這些學科以增加升學和就業機會，扭曲的教育環境成為常態，我們這群為台灣經濟打下基礎的一代人，美學素養讓位給功利主義，人生也失去了一塊有趣的組成。

但是喜歡美、追求美好的事物本來就是人的天性。雖然被生活壓力所限制，被工作雜事所埋沒，但是深埋在內心的美學種子一直都不曾消失。包括我在內，大家一旦生活過得去，有了閒暇時間，那種探索美好事物的基因就又活躍起來。從我們周遭的社區大學就能看到，許多中年族群或退休人士都相當熱衷投入繪畫、插花、書法、攝影、歌唱、文學、藝術欣賞……等等美學相關課程，從中就可以知道，那顆埋藏在內心深處愛美的種子並沒有死，只要一有機會，就會發芽、綻放。

著手撰寫這本書的目的，就是希望讓讀者愛美的種子提早發芽，不再非得等到退休或賺錢後才開始。因為從我的個人經驗來看，其實美學和工作或日常生活是可以相輔相成的，盡早啟發美學素養至少有三個好處：首

先，它能讓生活變得有趣，可在課業或工作之餘得到生活上的調劑，它幫你減輕壓力、提高效率；其次，美學素養能幫忙提升生活品味，讓生命變得更有層次，也有助擴展人際關係、觸發更多可能；最後，當你具備具更堅實的美學素養與審美能力後，不知不覺中也更容易激發創意和想像力。在這個 AI 時代，審美能力可增進工作上的發想，讓創意的萌發更為豐富多變，更對創業的心態有積極影響。

修煉審美能力，思維更具自信與深度

　　本書的架構主要來自我的學習和親身體驗，希望有緣的讀者們可藉由本書第一部「想一下」的美學介紹，打開對美的既定限制，接受多元、多層次的美；再藉由第二部「看一下」來延伸對美的觀察，快速認識西方的藝術流派與風格，並了解藝術家們創作藝術品的背後有哪些思路；第三部「按一下」則是將審美的眼光拉回我

們周遭的數位網絡時代，尤其如今手機已經成為人們的標配，每個人無可避免都會使用手機或數位相機來拍照，拍照本身既是創作也是審美，因此，按下快門這個動作，涵蓋了「思想」與「觀看」。另外，我也透過對攝影和「美顏相機」的解析，幫助大家對我們所身處的影像世界有另一層認識，特別是巨大的社群媒體和生成式 AI 是如何形塑我們的審美、自我展示與創作表達。

相信透過這些內外兼具的美學觀點，不但能增進大家對當代藝術的理解，也能對當下的美學進行式和社會背景有更為深刻的掌握。

從我的美學修煉歷程來看，當我逐漸對美的事物產生獨特見解，甚至能夠深入解析「美」的內涵，並提出具有說服力的觀點時，我才意識到，隨著審美能力的逐步提升與品味的淬煉，無形中已經養成了獨立的審美能力，不再隨波逐流、盲目從眾。這樣的轉變不僅為我的生活增添了深刻而持久的樂趣，也讓我的思維更具自信與深度。我認為，這種有理有據且與眾不同的審美能力

與個性，是人類作為思考性存在的重要特質，值得每個人用心培養並深入探索。

上帝除了賜給每個人自由的時間空間，同時也賜予每個人獨立的思考與審美能力。善用獨立的思考與審美能力，在這個人工智慧充斥的年代尤為珍貴，或許也將成為未來世代重要的生存能力。

2024.12.05 於芝加哥

——前言——

美學和你想的不一樣

　　很多人可能一聽到「美學」，就會在心中築起高牆，覺得那是哲學家、藝術學者和有閒階級才能品味的事，跟自己無關。但個人身為「商之器」的創業者和CEO，我以長年以來的親身體會和實踐，可以很肯定的告訴讀者：修煉美學，打開胸懷讓美進入自己的生命，絕對是一件很值得的事。

　　美學表面上看起來好像沒什麼用，但這種好像不實用的思想、感受，卻經常左右著我們的抉擇和幸福感，所謂「無用者方為大用」，大概就是這個意思吧。以我自身來說，修煉美學素養，為我帶來很多隱性紅利，除了增長見識、學習多元的觀看與思考訓練，更有助我打開感官，用更為細緻、自由的感覺去生活。回顧起來，美學思維這些年大大擴展了我看世界的角度，讓我的生活更為充實有趣。

美學無所不在

　　接近美、認識美的途徑其實很多，每天我們睜開雙眼，透過五感所接觸到的事物，無論有沒有留意，都會在心中留下印記，帶來不同的感受和想法，在不知不覺中形塑我們的價值觀與思考方式。

　　除了有意識的去觀賞藝術作品或進行創作，在我們的日常生活中，有許多面向都離不開美感。以我來說，因為工作和興趣，經常出國旅遊，旅遊帶給我很多不一樣的風景和視野；像是花都巴黎，那裡的建築、夜晚的燈光、人們的穿著、路邊的咖啡廳，甚至是住家窗台的盆栽，都帶給我特別的感受；東京街上那些高聳的建築、整齊的街道，還有各種充滿新鮮感的電視牆、霓虹燈以及商店中五花八門、設計新穎的商品，都令人過目難忘。

追求美好事物，為自己累積正能量

　　有時候，若有機會沉浸在人煙稀少的荒野中，不管是夜晚抬頭仰望浩瀚的星空之美，或是攀登得以俯瞰雲海群山的頂峰……那種既平靜又崇高的壯麗體驗，不但讓人眼界一新、身心獲得休息生養，整個人也有種充飽電的嶄新感。

　　透過身處其中的所見所感，優美的事物令人們愉悅，進而期待再次重遊。這些經由美感帶來的愉悅現象，無形之中就可以為一座城市、甚至整個國家帶來難以計算的競爭力。可見無論是人類營造的都市之美，或是大自然本具的美好，都能夠產生美的力量，以和諧與寧靜的方式，默默滋養著人們。

　　但是，相同的風景，對不同的人來說，因為美學素養不同，所產生的想法和感受自然會有所不同。同樣以出國旅遊來說，有人可能對米其林美食情有獨鍾，有人可能事先挑選特定美術館或是規畫絕對要造訪的

建築名勝，也有人早就準備好採買清單，準備好好血拚一場……無論是哪一種活動安排，都帶有美感體驗的延伸，透過這些有意識的身體力行，一定都會帶來新的刺激和養分。

對於美好事物的追求，是人們自然萌發的共通天性。即使不去旅遊，在生活中若能經常接觸到美好事物，也是和諧生活不可或缺的元素。週末清晨從窗台照進房間的陽光、早晨刷牙使用的清新牙膏、傳統市場裡買回的一束鮮花、親切的攤販微笑點頭……這些生活上的小美好，都足以帶來積極而正面的能量。

感受人人皆有，但談到深度的審美，每個人的理解與體會各有不同。許多美感來自於超驗（transcendental），例如對於整齊、對稱、和諧的形式感到愉悅，或對於宏大、壯麗的景致感到崇高。然而，回到日常生活的情境，每個人在面對相同場景時，其內在感受或心理印象往往不盡相同。這種差異除了受到所處時代與環境的影響，也與個人生活經驗、美學意識、以及內省心理活動

的能力有關，進而形塑出各自獨特的審美視角。

修煉美學，讓生命更有深度

在工作上，我最初的專業是寫程式，自從上個世紀開始，就長時間在電腦螢幕前工作，PC 可以說是我最親密的工作夥伴。進入數位時代後，我發現由於人們每天接收的訊息量變得比以前大很多，更容易忽略生活中的各種細節和影響。

內在心象不同，人生走向就不同

由於我長期習慣和 AI 工作與對話，因此我也試著請 AI 幫忙客觀分析在有意識的美學設定下，會產生什麼不同？

於是，我先設定了兩個時空一致，由同一位主角演

出的生活場景：

【場景 A】

一早被鬧鐘吵醒，主角從床上跳起來，接著刷牙、洗臉、吃早餐，並習慣性地穿上與昨天相同的外出服裝，在尚未睡醒的狀態中就趕著出門。

【場景 B】

主角被穿透百葉窗簾的陽光喚醒，同樣地刷牙、洗臉，但似乎注意到清爽牙膏香味以及冷水撲面帶來的清新。走回床邊時被一道一道經過窗簾灑下的陽光吸引住，隨手拿起手機拍了幾張。再為自己煎蛋、煮咖啡、做早餐，出門前還選了一套與秋陽搭配的輕便運動服。

透過以上有意識的美感設定後，對於這兩個場景，

AI 會如何解讀主人翁的內在世界呢？我讓手邊的兩大
人工智慧模型來幫忙解析一下：

【Gemini 1】

（Google 公司的大語言模型 AI）說：

　　場景 A 的主角，其生活可能忙碌、重複
且充滿壓力，可能面臨著工作或學業上的挑
戰，導致身心俱疲，對生活缺乏熱情。而場景
B 的主角，其生活可能較為悠閒、自在且充滿
希望。他懂得享受生活中的小確幸，並對未來
抱有積極的態度。

【ChatGPT 2】

（OpenAI 的大語言模型 AI）說：

　　隨著日子一天天過去，場景 A 這種高壓
與忙碌的生活方式將開始對主角的心理健康產
生負面影響。他可能會開始出現焦慮、失眠、

甚至身體上的病症，反映出現代都市生活對人
的壓力。而場景 B 中，主角似乎正在開始一
段內心探索的旅程，對日常生活中的美感、細
節和情感有更多的體悟。這可能導致他重新思
考人生的價值和目標，甚至做出一些人生中重
要的決定。

　　其實或許不需要 AI 來幫我們分析，光是從這兩個
場景的描述，大家應該就能夠感受到兩個主人翁的生活
情境大不相同。一位是被生活壓力驅動的勤奮工作者；
另一位則帶著美感意識在生活，是個具有生活品味和優
雅性格的人。

　　是什麼因素造成這兩種生活態度的差異呢？當然生
活壓力或升學壓力的影響都不能輕忽，就像暴風雨來
臨，我們無法改變它一樣，但是如果我們將「注意力」
放在觀察暴風雨之前的寧靜，聚焦在生活壓力以外的細
節，或許我們會發現：世界其實很有趣，生活也並非那

麼單調乏味。

提升審美能力，啟動自我修復能量

　　這種對環境周遭敏銳感受的能力，可能有人認為是阿 Q 精神，是不願面對現實生活的某種逃避。但或許正是因為有點阿 Q，才能在生活壓力的縫隙中找到喘息，讓日子過得比較舒坦。如果生活壓力無可避免，我們又想要保持從容的心態，讓自己過得好一點，那學習審美絕對是一條捷徑。

　　從身邊發現美，讓生活更有趣，這就是我最初接觸美學的動機之一。我發現，只要偶爾將注意力從工作壓力轉移到生活周遭，只要願意用心觀察，就有機會發現美，可以為生活增添色彩和樂趣。當我們學會欣賞身邊的美好事物，無論是一朵花、一幅畫、一首詩、一抹陽光，都能為我們帶來愉悅和滿足。

　　既然知道移轉注意力是接觸美好事物的一把鑰匙，

那麼我們該怎麼做呢？當中的訣竅就在：對我們的所思所感升起自覺，然後有意識的進行一場有趣的美學修煉。

透過美學修煉，可以讓我們的審美視角慢慢被打開，讓更多美的體驗滲進我們的生命。你可以先試著做一些小練習，比方你可以先放慢腳步，環顧四周，試著注視某個特定物品或景象，光是經由靠近或遠離它，就會發現原本習以為常的周遭環境，竟然藏著這麼多從來沒有注意到的細節，像是物件的紋理、色彩或光影變化等等。此時的你或許還沒感受到美，但是沒關係，因為你已經開始能夠駕馭自己的注意力，不再只是被壓力占據所有心思。

這就是我撰寫本書的初心：幾十年來，在我重壓且繁忙的創業路上，一開始透過數位攝影，意外找回小時候的美感體驗。我原本就是一個學習型的創業人，先後讀完台大 EMBA 和北京大學國家發展研究院工商管理碩士，攝影不但是我和人們交流的方式，也帶給我一個

兼具舒壓、思考和美感體驗的獨立世界。

由於「拍而知不足」，開始長時間投入攝影活動，從鑽研人物、風景攝影一直追索到背後的美學概念，讓我又去報考北藝大美術系博士班，透過創作和理論的相互印證，除了順利取得學位外，更從古往今來的哲學家和美學大師的思想中，吸收到相當多的美學養分，讓我的審美視角更為寬廣，對事物的觀察也從表象深入到背後的文化與意涵。

可以說，美學讓我的生活更精彩、更美好，也因此，我希望能透過我的學習心得和實證經驗，和讀者分享我所接觸的各種美學概念，以及我如何透過數位攝影來進行創作、打開思路的心得。希望透過美學修煉的三個歷程，能感染更多讀者一同思考美、發現美，進而找到自己的方式去實踐美。

美學不是死板的理論，每個人都可以透過有意識的修煉，建立起自我的信心，依照自己的審美能力來美化自身的外在與內在。希望大家讀完本書，可以為一成不

變的生活帶來一絲改變，從而可以累積一些對抗生活壓力的能量，找到屬於自己的審美視野，建構個人的獨有品味和價值觀，讓生活更有深度、更為滋潤。

PART I

想一下————

認識十七位思想巨擘的多元美學觀，
打開心靈之窗

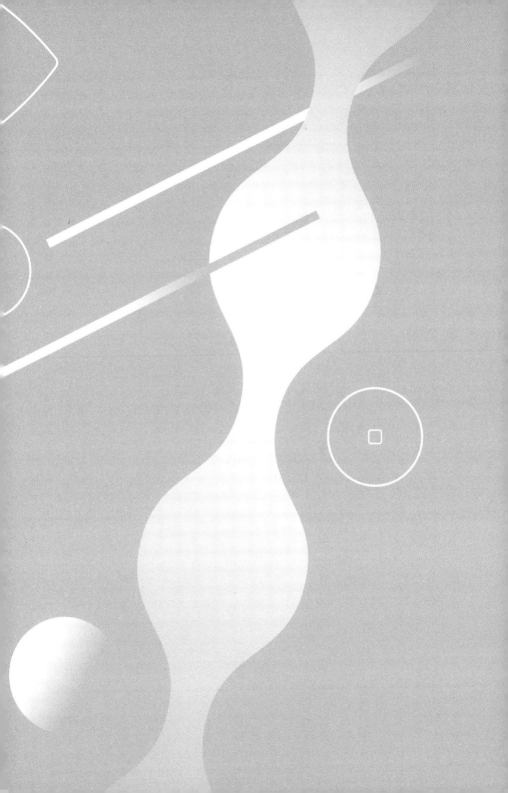

Chapter 1

為什麼要認識「美學」？

　　我接觸美學的契機算是從小時候就開始了。從小我就喜歡畫畫，有時睡不著就會一直畫，畫到累了才睡。後來出社會忙著工作創業，能運用的休閒時間很零碎，而且我畫畫很慢，某一段落完成後，有時候要幾週才能繼續，而且畫畫過程中我的情緒必須一直持續，才能完整表達出來，零碎的時間很難做到，因此漸漸的我就不畫了。所以創業之初我主要的休閒是運動健身類，一直到數位相機問世後，我才重新拾起創作方面的興趣。

以攝影創作為起點，
深入背後的深層美學思維

　　我對數位攝影的投入很深，相關細節第三部會再詳述，這裡先談為何我會對美學感興趣，甚至跑去北藝大美術系讀完博士學位。

　　最早傳統相機出來時，我也曾經很喜歡拍照，只是我的個性喜歡測試各種效果，受限於傳統底片的形式，很難用它盡情創作。我記得曾經拍了一整捲底片拿去照相館沖洗，結果去拿照片時老闆只給我幾張，他很理所當然的表示其他底片中的曝光有問題，所以只幫我洗出幾張，問題是我本就是要嘗試不同的曝光效果呀。最後我覺得很麻煩，所以就先擱下這項嗜好，直到數位相機出來之後，剛好我創業非常忙碌，數位攝影只需隨時按一下，就可以完成一張照片，而且它很多參數都能自己控制，拍完馬上就能看到效果，回家傳到電腦上還能進行調整和二度創作，很符合我時間零碎但又求完美的個

性，所以就這樣一頭栽進去。

　　在創業路上，陸續認識很多好朋友，他們都對我的興趣感到很特別，因為一般企業家的休閒通常以美食、品酒或高爾夫球居多，雖然我也喜歡運動，但打高爾夫需要耗費至少半天的時間，跟大家去品紅酒，很多形容詞也有點縹渺，總覺得有距離，不像談創作或藝術品，可以聊的話題比較深刻。尤其如果是長期合作的夥伴，彼此的個性、喜好和信任度很重要，透過深度的交談和分享，有時候更能認識一個人，也讓對方了解你。所以我會覺得與其吃吃喝喝，不如從事一些更有話題、更有深度的藝文活動，這對身心的平衡也有很大的好處。

　　大約 2005 年左右，我去讀台大 EMBA，那時我正在鑽研人像攝影，自然而然開始以同學作為攝影題材，由於同學們也很樂於在鏡頭下呈現具有美感又有新意的一面，讓我越拍越多。十幾年下來，除了人像，我也拍各種風景照或抽象照，出過攝影集，也辦過攝影展。後來我開始研究攝影風格和攝影史，希望能找到更多拍攝

切入點，最後我決定去讀博士班，希望能更進一步掌握攝影背後的美學思維。

於是在 2013 年，我帶著多年累積下來的攝影集、展覽紀錄和研究計畫去報考北藝大美術系博士班，就是希望能透過研讀美學，和我的攝影創作與生活相互印證。雖然平日公司的業務很繁忙，但由於這是我很重視的領域，所以平常在閱讀教授的指定內容和報告上，我都相當用功跟上。經過 7 年努力，外加因病休學 2 年，終於在 2023 年順利畢業。

因為我身兼企業家和創作者的雙重角色，這幾年密集的美學訓練下來，除了可以跟我的人生體驗相互參照，在研習各種美學著作和大師思想的過程中，也幫我更為深入世界的內在，而不只停在浮光掠影的表象。在攝影方面，有了美學思維當基底，讓我看到更多新的切入點，可以更快速的解讀事物表象底下的深層意義，讓我的藝術世界和日常生活更充實、更開闊。

「美學」和「藝術」的區別

　　嚴格說來，很多時候，當我們談美學（aesthetics）時，常會把藝術（art）放進來一起討論，並且經常將兩者混淆。很多人可能會問：有必要特別區分美學和藝術嗎？這樣的區分有什麼優點？

　　某些情況下，區分美學與藝術是有必要的。首先，在理論探討時，區分美學與藝術，可以讓我們得到較為清晰的概念。舉例來說，美學算是哲學分支之一，著重思索的過程，討論的範圍較藝術更為廣泛，包括自然美、生活中的美感經驗以及藝術美等；而藝術則專注於人類的創作過程和與作品，當然，藝術創作也是出自於人的內在精神面，所以在美學研究中，常會以藝術作品作為探討對象。

　　其次，若從觀察角度來區分兩者，美學研究大致可分為「審美判斷」與「藝術評論」兩種主要的觀察者角色。審美判斷的重點在於個人對美的感受和判斷，這種

判斷是無利害關係且主觀的；而藝術評論則較多涉及對
藝術作品的分析和評價，包括技術、風格、歷史背景
等，可以更系統地分析和理解藝術作品的價值和意圖。

　　雖然在很多情況下，美學和藝術的討論會有所交
疊，但在特定的討論和研究中，區分這兩者能夠提供更
多的理論清晰性和分析深度。這種區分有助於我們更深
入地理解美學與藝術的多樣性和複雜性，並且能夠更有
針對性地探討相關問題。從表 1-1 當中，我們可以進一
步比較兩者的主旨和呈現方式，並得出更清楚的概念：

表 1-1　美學和藝術的區分

	美學	藝術
主旨	理解和解釋美和藝術的本質。	創造和表達。
呈現方式	作為哲學分支，以研究美、藝術和品味的本質與鑑賞的理論及概念為主。	以創作和表達出具體實踐及作品為主。

　　美學旨在理解和解釋美和藝術的本質；藝術則是創造和表達。美學使用哲學分析和理論推演的方法；藝術使用實際的技術和媒介來創作。美學是一門哲學分支，主要研究美、藝術和品味的本質和鑑賞，探討理論與概念；藝術則是指創作和表達的具體實踐和作品。美學與藝術，雖皆以美為核心，卻在目標、方法、成果形式、評價標準及反思批判等面向存在顯著差異。

　　換句話說，美學以哲學之思為經，探究美與藝術之本質、價值與經驗。美學家透過哲學分析、概念解析、理論推演及跨學科研究等方法，致力於理解並闡釋美感經驗及其相關概念，其成果多以理論文章、學術著作及哲學討論等理論性、抽象之形式呈現。美學家藉由理論與概念框架，評估美感及藝術作品之價值，尤重理論之正確性與一致性。

　　藝術則以創作實踐為緯，透過技藝與媒介傳達思想、情感與觀點。藝術家專注於創造與表現，運用創作技術、媒材運用及感官表現等方法，其成果多以視覺、

聽覺或其他感官形式之作品呈現，如繪畫、雕塑、音樂、電影等，具體而感性。藝術作品之評價標準多元，涵蓋技術熟練度、創新程度、情感表達及觀眾反應等，其價值常與能否引起觀眾共鳴與思考息息相關。

　　此外，美學家藉由哲學反思與批判，質疑現有美學理論與觀點，提出新穎之理論與解釋；藝術家則透過作品對社會、政治及文化現象進行反思與批判，表達立場與觀點，挑戰傳統與現狀。美學與藝術雖皆涉足美與藝術之探討，然而美學側重於理論分析與哲學思考，藝術則更側重於實際創作與感官表達。兩者相輔相成，互為借鏡與補充，卻在核心目標與方法上有所區別。可以說，美學提供理解和解釋藝術的框架，而藝術則是美學研究的對象和實踐。

Chapter 2

打開心靈視角的
重要美學著作

      大致了解美學和藝術的異同之後，在第一部我們將先聚焦於美學的討論。如前所述，人們經常混淆了美與藝術的差別，甚至從古至今的哲學家，也經常刻意忽略其中的差異，對美學和藝術這兩個實際上不同卻又十分相關的領域，做挪用與綜合表述。但這並不影響對美學的討論，畢竟當我們在哲學層面討論美學時，也經常需要以藝術作品來舉例呈現。

      討論美學可以從很多方向進行，本書採取的方式是

自遠至近、從寬廣到細微，先帶大家先對西方歷史上關於美學理論有重要影響的著作或論述有一個基本概念，然後再進入藝術和攝影的世界。讀者將會發現，當我們掌握了古今大哲學家和美學家的重要思想後，可以從他們著作與論述中得到例證與啟發，之後再來看同樣的藝術作品和事物，將可「感受」到不同論述下的美學內涵。藉由這些論述的整理和筆記，對於「美」所涵蓋的範圍及多樣性，將會更為清晰。

　　美學領域中有許多重要的著作，涵蓋了從古代到現代的不同時期，在這一章，我先從美學的重要著作逐一談起。

悲劇的淨化與昇華 ——
亞里士多德《詩學》

　　美向來就不是只有帥哥正妹和鮮花夕陽，對於人類

內在世界的複雜性，古希臘人早就有深刻的認識。在希臘神話和戲劇中，有大量匪夷所思甚至逼近殘酷的情節，希臘哲人是如何看待這些神話與戲劇作品的呢？亞里士多德（Aristotle）的《詩學》（*Poetics*）可以算是最早的重要美學著作和戲劇評論，當中將「悲劇」（tragedy）裡裡外外分析得很透澈，從人類情感到劇場藝術呈現都包含在內。

　　亞里士多德首先從悲劇的結構和功能談起，他認為悲劇能夠透過恐懼和憐憫（pity and fear）的情感，引發觀眾的「淨化」（catharsis）來達到精神上的昇華。

　　由於古希臘時代盛行在戶外劇場觀賞戲劇，希臘悲劇不但在當時深受歡迎，對於西方文明的發展也占有相當重要的地位。以著名古希臘劇劇作家如索福克勒斯（Sophocles）的著名悲劇《伊底帕斯王》*（*Oedipus*

＊　《伊底帕斯王》講述了底比斯國王伊底帕斯一生的悲慘命運。
　　在劇情一開始，伊底帕斯為了對抗「弒父娶母」的預言，離鄉

Rex）來說，故事與人物原型固然是來自希臘神話，但透過他的劇本和戶外劇場演出，讓這個神話故事更為流傳，每個時代都有新的演繹版本，近代心理分析大師佛洛伊德（Sigmund Freud）的「戀母情結」就是從「伊底帕斯情結」（Oedipus Complex）而來，可見對全世界的影響非常深遠。

　　在《詩學》中，亞里士多德先對「悲劇」這種戲劇形式下了定義：「對嚴肅、完整且具有一定規模的行動的模仿，透過具有快感和崇高的語言，並由行動中的人物表現，而非以敘述方式呈現，透過憐憫和恐懼達到情

背井來到底比斯，因解開人面獅身史芬克斯（Sphinx）的謎語解救底比斯人民，娶了前國王的遺孀柔卡絲塔（Jocasta）為妻並登上王位。後來底比斯城內瘟疫肆虐，經過一番尋訪和調查後，伊底帕斯逐漸發現自己在路上無意間殺死了親生父親拉伊俄斯（Laius），眼前的皇后正是親生母親。最後柔卡絲塔無法承受此一打擊自殺身亡，伊底帕斯則在痛苦和絕望中刺瞎雙眼，自我放逐以救贖自己的罪過。

感的淨化。」

　　其中的「憐憫」是對劇中人物遭遇的不幸感到同情；「恐懼」是出於對自己可能遭遇類似不幸的擔憂，以及對命運暗黑力量的畏懼；「淨化」則是悲劇的核心功能，也就是透過觀賞悲劇，觀眾能夠釋放和排解自己的負面情感，從而達到心理上的平衡和淨化。

悲劇六大元素

　　當然，差之毫釐、失之千里，一個好的故事原型，若能以優秀的藝術形式呈現出來，可以成就引發淨化功能的傳世之作，但若創作不當，也可能變成灑狗血的八點檔。為了進一步說明，亞里士多德在《詩學》透過分析古希臘戲劇，以實例來闡述其美學觀點。對於該如何拿捏悲劇藝術的表現？亞里士多德歸納出悲劇作品所應具備六大元素：情節、性格、語言、思想、視覺、音樂，詳見下方表 2-1。

表 2-1　亞里士多德的悲劇六大元素

元素	說明
情節	亞里士多德認為情節是悲劇最重要的元素，應該是「完整的」，具有開端、中段和結尾，而且除了要有連貫性和邏輯性之外，也要有「高潮」和「結局」以及「轉折」和「認知」——即角色對自己或他人身分或真相的認識。
性格	即劇中人物的道德品質和個性特徵。亞里士多德認為角色應該具有「合適性」、「相似性」和「一致性」，即角色的行為應該符合其性格並在情節中保持一致。悲劇中的主角通常是「悲劇英雄」，他們通常是高貴或有聲望的人物，但由於某種「致命缺陷」或錯誤的判斷而導致了自己的毀滅。
語言	是指戲劇中的對話和獨白。亞里士多德強調言語的藝術性和表達能力，認為優秀的言語應該富有韻律和修辭。
思想	亞里士多德認為，劇中人物的觀點、動機和信念等，應該透過言語和行動來表達，並與情節緊密結合。

元素	說明
視覺	主要是指戲劇中的舞台設計、服裝和其他視覺效果。亞里士多德認為視覺效果雖然重要，但不應該凌駕於情節和性格之上。
音樂	戲劇中的音樂元素，包括合唱和配樂，應該要能增強情感的表達和劇情的進展。

　　他特別標舉出索福克勒斯的《伊底帕斯王》這個作品，盛讚其情節設計精妙絕倫、環環相扣，兼具轉折與認知交織。主角伊底帕斯逐步揭開弒父娶母的真相，帶來震撼人心的戲劇效果，而且每一步發展皆合乎情理。

　　在人物性格塑造上，亞里士多德將伊底帕斯視為悲劇英雄的典範。伊底帕斯的性格兼具勇敢、智慧又富有責任感，卻也因過度自信與急於探求真相，挑戰命運的結果讓他走向毀滅，其性格塑造恰如其分，前後一致。

　　在語言方面，亞里士多德很推崇另一位希臘悲劇大師歐里庇得斯（Euripides）的作品《美狄亞》

（*Medea*），讚譽其語言精煉傳神，主角美狄亞的獨白
與對話，深刻呈現內心衝突與情感，透過語言有效傳達
思想與情感。

在思想表現上，亞里士多德認為《伊底帕斯王》
中，伊底帕斯的思想從自信轉為恐懼與絕望，此轉變透
過言語與行動淋漓盡致地展現，使觀眾得以深入主角內
心世界。

雖然亞里士多德較少論及視覺效果，但他強調視覺
效果應強化、而非凌駕於情節之上；例如，《美狄亞》
一劇中，主角駕神馬車飛離的場景，視覺震撼之餘，更
重要的是其對情節與主題的烘托。

音樂在悲劇中扮演著強化情感與氛圍的角色，亞
里士多德提到埃斯庫羅斯（Aeschylus）的《奧瑞斯提
亞》（*The Oresteia*），其中合唱部分透過音樂深化悲
劇氛圍，增強劇情效果。

亞里士多德將悲劇透過恐懼與憐憫引發的情感淨
化，視為美學的一部分，拓展了美的範疇。他認為美不

僅止於歡愉與和諧，情感與心靈的震撼亦包含其中。這與康德（Immanuel Kant）的美學論述有異曲同工之妙，他同樣認為美的體驗不僅在於感官愉悅，更在於引發更深層次的思想與情感共鳴。這種對美的理解與欣賞，使我們得以更全面地感受並體驗藝術的力量。

美感的判斷與層次 ── 康德《判斷力批判》

　　討論美學的方式有千百種，康德談論美學的切入點就和前面的亞里士多德相當不同。康德的美學思維主要基於哲學方面的思辨與審美，而比較不是針對個別藝術作品的評論。

　　康德有三大批判著作，分別從不同的角度探討認識論、道德和美學等問題，構成了他完整的哲學體系。這三大著作的主題大致為：《純粹理性批判》（*Critique of Pure Reason*）探討認識的範圍和限制，提出了先驗認識論和物自身的概念；《實踐理性批判》（*Critique of Practical Reason*）探討道德和自由的問題，提出了道德律和絕對命令的概念；《判斷力批判》（*Critique of Judgment*）探討美學判斷和目的性判斷，區分美和崇高，並嘗試統一前兩者的結論。

「美的判斷」的幾個核心概念

　　有關康德的美學理論，主要都集中在《判斷力批判》這本書的第一部分「美的判斷」，當中探討了美感判斷的性質、特徵及其基礎。康德提出了一系列核心概念來解釋美學經驗：

　　1. 無利害關係的快感（disinterested pleasure）： 康德認為真正的美感判斷是無利害關係的，即它不涉及任何個人的利益或欲望。當我們判斷某物是美的時候，我們不會考慮它是否對我們有用，或者我們是否想擁有

它。這種無利害關係的快感是純粹的，與個人的實用需求無關。

2. 普遍性（universality）：康德認為美感判斷具有一種主張普遍性的特質。當我們說某物是美的時候，我們暗示其他人也應該同意這一判斷。這種普遍性並非基於概念，而是基於感官的共同性。因此，康德區分了「普遍性」與「主觀的普遍性」。「普遍性」通常指的是客觀的、概念上的普遍有效性，特別是在科學和理性知識中。而「主觀的普遍性」是康德用來描述美感判斷的一種特殊普遍性，基於人類共享的感官經驗和審美感受，即我們期望其他人也能認同我們的美感判斷，但這種期望是主觀的而非客觀必然的。

3. 必然性（necessity）：美感判斷中的必然性，是指我們期望其他人必然會同意我們的美感判斷，這種必然性並非來自於邏輯推理，而是來自於感性經驗的共通性。但是我們或許會想，為什麼我們會期待他人同意我們的美感判斷呢？對此康德他是這麼認為的：期望

他人認同個人美感判斷的原因主要有三類：首先是「共通感」，相信其他人與我們有類似的感官和認知能力，因此他們也應該能夠認同我們的美感判斷；其次是「審美共鳴」，審美判斷本身具有一種社會性的特質。我們在判斷美的時候，通常會期望他人能與我們產生共鳴，這是一種基於人類社會互動的自然傾向。這種共鳴能增強我們對美的感受，使我們的審美體驗更加豐富和有意義；第三是「審美的溝通性」，他認為美感判斷具有溝通性，人們會希望透過美的判斷來與他人分享我們的感受和經驗。這種溝通性體現了我們對共同理解和共鳴的期望，使得審美判斷不僅僅是個人的感受，而是一種可以與他人交流的經驗。

4. 目的性（purposiveness）：康德提出了「無目的的目的性」概念，認為美感判斷中，我們感受到事物似乎有一種目的性，但這種目的性不是實際的功利目的，而是一種形式上的和諧。我們欣賞一件藝術品或自然景觀，因為它們的形式讓我們感受到一種整體的和諧，

這種和諧帶來美感；例如我們欣賞雪花的六邊形對稱結構，感覺這種對稱性像是有意設計，以引發我們的驚嘆，但實際上，這只是自然界的一種物理現象，並沒有特定的目的；又例如，欣賞一首貝多芬交響曲的複雜結構與和諧，這種結構讓我們感覺它好像是有意安排來引發我們的愉悅，但這種愉悅並不涉及任何實用目的。

「自由美」與「附屬美」

如前所述，由於康德認為美感判斷是無利害關係的，不應受到個人利益的影響，進而又區分出「自由美」與「附屬美」兩大類型。

1.「自由美」（free beauty）：是指不依賴於任何特定概念或目的的美，這種美是純粹的、無限制的。我們可以直接從視覺或其他感官中感受到這種美，而不需要考慮它的功能或用途。當我們欣賞花朵的美，不需要考慮它的用途或功能。即使我們不知道它的種類或

名字，我們仍然能感受到它的美。或者是現代抽象繪畫中，我們不需要了解畫作的具體內容或背景故事，只是透過色彩和形狀的組合，我們可以感受到美的愉悅。

2.「附屬美」（dependent beauty）：是指依賴於特定概念或目的的美，這種美與對象的功能、用途或概念相關聯。這種美的欣賞需要我們有更多背景知識，例如了解對象的背景、功能或意圖。教堂的美感經常與它的宗教功能和歷史背景密切相關。當我們欣賞一座教堂的美，不僅僅是因為它的外觀，更因為知道它的宗教意義和建築技術；又或者欣賞法國羅浮宮（Louvre）著名的館藏《米洛的維納斯》（*Venus de Milo*）（見第 148 頁），其美感不僅在於雕刻技術，也和我們對古希臘雕像及其象徵意義和文化背景有關。

康德之所以要區分自由美和附屬美，主要是為了強調美的判斷可以是純粹的、不受任何概念或目的影響的（自由美），也可以是依賴於對象的功能、用途或象徵意義的（附屬美）。這種區分有助於我們更全面地理解

美的多樣與可能。可惜的是，一般人談到康德對於美的論述，總是強調自由美，也就是純粹的、不受任何概念或目的的審美態度，往往忘記他也論及附屬美。

康德又認為美感判斷是一種反思性的判斷，這意味著它不是依賴於固定的概念或規則，而是依賴於個人對事物的直觀感受和反思。這種反思性的判斷力是自由的，並且具有創造性，因為它能夠在具體的情境中發現和體驗美。藉由審美的溝通性，透過美的判斷來與他人分享我們的感受和經驗，同時反思他人的審美判斷與經驗來產生審美共鳴。這種基於審美判斷的人類社會互動的自然傾向，使人類相互影響、相互教育。

「美」與「崇高」

在了解康德美學理論的細膩與複雜性後，可以再進一步認識他如何區分「美」和「崇高」，他認為這兩者在美感經驗中具有不同特質：

1. 美（beauty）：美是指在形式上具有和諧與秩序的事物，帶來愉悅的感覺；美的事物通常是有限的、具體的，並且容易被理解和欣賞。

2. 崇高（sublime）：康德認為崇高引發的是一種混合了敬畏和恐懼的情感。這也是康德美學論述一個重要的部分，它與一般的美，有著不同的直覺情感，更完整地呈現美的多樣性以及複雜性；它通常是指那些引發敬畏和驚嘆的事物，而且是無限的、超越人類理解的。崇高的經驗包括對自然的敬畏和對宇宙無垠的讚嘆，在崇高的經驗中，人的理性意識到自身的有限性，但同時也體驗到理性的無限性。

從以上的討論中可以看到，康德的美學哲學與道德哲學兩者十分相似。總結來說，他認為審美判斷是主觀的，但同時具有普遍性。這意味著，雖然美的感受是個人的，但我們期待他人也能認同我們的審美判斷。這與道德判斷有相似之處，因為道德原則是普遍適用的，我們期待所有人都遵守道德規範。

　　另外，康德強調審美判斷的無利害性，即我們欣賞美的事物，不是因為它們對我們有任何實際用途，而是因為它們本身的形式或表現。這與道德行為的無私性有相似之處，我們做道德上正確的事情，並不是為了得到回報，而是因為這是我們應盡的義務。

　　雖然康德的美學與道德有著相似的屬性，但也存在差異。譬如，審美判斷是基於情感的，而道德判斷則是基於理性的；按照這個邏輯推理，不美的東西和不道德的行為也會普遍讓人厭惡。這樣的理論似乎很貼近人類的自然思想。但是，康德也提醒：在不同文化與社會中，審美觀以及道德規範仍然存在著差異。

以感性形式體現美的內在精神 ——
黑格爾《美學講演錄》

　　藝術到底是理性還是感性的產物？黑格爾（G. W.

F. Hegel）就認為，藝術是一種透過感性形式表現絕對
精神的方式，因此他的美學理論涉及對藝術的深刻分
析，而不僅僅是對美的簡單描述。

　　他的《美學講演錄》（*Aesthetics: Lectures on Fine Art*）雖然書名中包含「美學」一詞，但實際上黑格爾
在書中更著重於藝術的本質、功能及其在歷史和文化中
的地位的討論。他從哲學的角度出發，探討了藝術的各
種形式、藝術創作的過程、藝術的意義以及藝術與社會
之間的關係。

「自然美」與「藝術美」的區別

　　即便如此，黑格爾的《美學講演錄》第一部分就在
探討美學的基本概念和原理，對美的本質和藝術的目的
進行了充分的哲學闡述。

　　黑格爾首先將美學定義為研究美的哲學，旨在揭示
美的本質及其感性形式的表現，有別於僅對具體藝術作

品進行評價的藝術批評。他提出「美是理念透過感性形式的表現」，認為美不僅止於感官愉悅，而是理念的顯現，體現了人類精神的發展，並與絕對精神的顯現密切相關。

　　他將自然美與藝術美區分開來，認為自然美是偶然、未完成的，而藝術美則是有目的性、完成的。他認為藝術透過創造性的過程，使美得以完美呈現，超越自然的限制。

　　在審美體驗與判斷方面，黑格爾認為審美經驗是直觀、感性的體驗，而審美判斷則是理性、反思的活動，不僅僅是個人主觀喜好，更基於對美的普遍性與必然性的認識。

　　他分析了感性美、象徵性美、古典美、浪漫美等不同形式的美，探討它們如何體現理念，並比較不同藝術形式的美學價值。認為藝術具有啟示與教育的作用，使人們透過審美經驗認識並體驗精神真理；藝術不僅是娛樂消遣，更是人類精神生活的重要內涵，具有深遠的文

化與社會意義。這些內容共同構成了黑格爾對理論美學的系統性探討，為後續具體藝術形式的分析，奠定了哲學基礎。

藝術是直覺與表現的統一 —— 克羅齊《美學作為表現科學與一般語言學》

對克羅齊（Benedetto Croce）而言，美不是一個獨立的概念，而是直覺或情感透過藝術表現而顯現的結果。在他的著作《美學作為表現科學與一般語言學》（*Aesthetic as Science of Expression and General Linguistic*）中，深入闡釋了藝術的本質在於表現，這本書既是他的第一部重要著作，也包含了他思想體系的核心概念與雛形。

克羅齊認為，當藝術作品成功地表達了內在的情感和思想時，它就是美的。因此，美並不是一個靜態的、

《星夜》

可度量的品質,而是一種動態的、在藝術創作和欣賞過
程中體現出來的精神狀態。

　　有別於康德,黑格爾和克羅齊較少專門探討自然美
或自由美,而是更為聚焦於藝術美所呈現的心智與思
想,因為自然美與自由美多半來自先驗,是人類共通
的,其深入探討的空間有限。限於篇幅,此處將著重於
克羅齊對於藝術美的討論。

　　克羅齊強調,藝術作品的形式與內容密不可分,唯
有當形式完美呈現內容時,藝術作品才可達到美的境
界。他反對將形式與內容分離,認為這種分離會破壞藝
術的完整性與美感。那麼,該如何對藝術作品進行審美
判斷呢?克羅齊認為,審美經驗是一種獨特的心靈活
動,透過這種活動,人們能感受到藝術作品的內在美。
審美經驗不僅是對外在形式的感知,更是對藝術作品所
傳達的情感與思想的深刻體會。

　　舉例來說,梵谷(Vincent Van Gogh)的《星夜》
(*The Starry Night*)以強烈的筆觸和鮮明的色彩表現了

一個充滿動感和情感的夜晚景象。渦旋的星空、波動的
藍色夜空和耀眼的星星，這些視覺元素構成了畫面的感
性形式。在這幅畫中表達了他內心的孤獨、焦慮以及
對宇宙無垠的驚嘆。這些內在精神透過畫作的視覺元素
得到了具體的表現。當觀眾觀看《星夜》時，不僅可以
感受到畫面的視覺美感，更能體會到梵谷內心的複雜情
感。這種情感與形式的完美結合，就是藝術的美。

　　再舉音樂為例，貝多芬（Ludwig van Beethoven）
的《第九交響曲》（Symphony No. 9）以雄偉的旋律、
豐富的和聲及戲劇性的動態結構組成。尤其是在終樂章
中引入合唱，這些音樂元素構成了感性的聽覺形式。合
唱部分引用了德國詩人席勒（Friedrich Schiller）的〈歡
樂頌〉（Ode to Joy），詩中歌頌了人類的兄弟情誼、
自由和平的理想，以及對人類精神的讚美。貝多芬在這
部交響曲中表達了對人類友愛情誼與自由和平的嚮往。
這些精神上的讚頌，透過音樂的旋律和結構，以及〈歡
樂頌〉的詩意內涵，得到了充分的表現。聽眾在欣賞

《第九交響曲》時，不僅被其宏大的音樂形式所震撼，更能感受到貝多芬內心的崇高理想和深刻情感。這種精神內容的感性表現，即是音樂的美。

　　克羅齊藉由這些藝術的表現來佐證他的美學理論，強調藝術的本質在於「表現」，而非僅是模仿或再現現實。他認為藝術創作是一種精神活動，藝術家藉此將內在情感與思想，轉化為具體的藝術形式。克羅齊的核心概念「直覺與表現的統一」，闡述直覺與表現是同一過程的兩個面向。直覺是藝術家不受外界影響的內在感受與意識，而表現則是將這種精神活動具體化的過程。

　　此外，克羅齊將藝術與語言連結，認為兩者都是表達思想和情感的工具。美學作為廣義的語言學，研究的是所有形式的表達與溝通；藝術則被他視為一種獨特的語言，透過感性的形式傳達內在的精神內容，這種表達即是美的體現。

創造性不是藝術家專屬 ——
杜威《藝術即經驗》

美是什麼？儘管我們對美學的定義仍感模糊，但生活中美的經驗俯拾即是。無論是讚嘆風景秀麗、欣賞俊男美女，或是品評衣著得體，這些對美的感受與評論如何形成？美國實用主義哲學家杜威（John Dewey）的《藝術即經驗》（*Art as Experience*）或許能提供一些線索。

《藝術即經驗》這部哲學巨著出版於 1934 年，杜威挑戰傳統將藝術束之高閣的觀點，主張藝術與日常生活經驗緊密相連。杜威雖以藝術為論述主體，但其觀點對美學的影響亦不容小覷。他認為，藝術並非曲高和寡的殿堂之物，而是根植於日常生活經驗的產物。透過探索藝術與經驗的互動，我們或許能更深刻理解美的本質，以及那些讓我們心生悸動的美好感受從何而來。

藝術不是孤立的活動

杜威在書中提到，藝術作品並非單純的物體，而是產生於創作者和觀者之間的互動過程。這個過程本質上是一種經驗，並且這種經驗是豐富且充滿意義的。他強調，藝術的價值在於它如何與人的感覺、情感和思想交織在一起，從而形成一種完整的生活經驗。他質疑將藝術從生活中分離出來的傳統觀念，認為藝術不應該被孤立地看待，而應該被視為日常生活的一部分。他主張，美學經驗存在於我們的日常活動中，例如烹飪、運動和交流等，這些活動都可以是充滿美學價值的，並且對我們的生活質量產生深遠影響。

他亦強調創造性在藝術中的重要性，並指出藝術創作是一種表現的形式，透過這種表現，人們可以更深刻地理解自己和世界。他認為，創造性並不僅僅存在於藝術家身上，而是每個人都擁有的能力。透過創造性活動，人們能夠在日常生活中找到滿足和意義。

　　杜威的上述理論主要基於他的哲學觀點，尤其是他對經驗主義和實用主義的理解和運用。他的思想深受經驗主義的影響，認為知識和理解來自於人們的經驗和感知。在《藝術即經驗》中，他強調藝術是一種經驗，而這種經驗並非抽象的概念，而是具體的、直接的感受和互動。對杜威來說，藝術不僅僅是一種美學享受，而是一種實際的、具有功能性的活動。藝術經驗應該能夠豐富人們的生活，增強對世界的理解和適應能力。這種實用主義觀點，使杜威的藝術理論具有很強的現實意義。

　　透過具體的藝術品欣賞過程，可以說明杜威的美學理論框架是如何應用的；例如，當我們站在一幅畫作前，我們的眼睛接收了顏色、形狀和構圖的信息，這些視覺信息引發了我們的情感反應，如欣喜、驚奇或感動。同時，我們的大腦開始對這些視覺信息進行解釋，可能聯想到個人經歷、文化背景或藝術史知識。整個過程中，我們的感官、情感和認知活動相互交織，構成了我們的藝術經驗。

　　這個過程與我們在日常生活中的經驗並無二致；例如，當我們品嘗一道美食時，我們的味覺、嗅覺和視覺同樣會產生感官和情感的反應，這也是一種經驗。無論是藝術經驗還是生活經驗，都是人們透過感官與世界互動的結果。因此，藝術經驗和生活經驗本質上是相通的，都是我們感知世界、理解自我和他人的重要途徑。

　　雖然杜威試著將藝術的範圍擴大到日常生活中，但並非所有的生活經驗都被他視為藝術，杜威認為藝術經驗有其特定的質量，包括創造性、表現力和情感共鳴。這些特質使得某些經驗特別具有藝術價值；例如，烹飪過程中的創造性調味和擺盤，園藝中的設計和色彩搭配，這些活動因為具備創造性與情感共鳴，可以被視為藝術經驗。

　　日常生活中包含許多不同類型的經驗，很多生活經驗是功能性和實用性的，例如做家務、日常工作等，這些經驗主要是為了完成某些具體的任務和目標，並不一定涉及創造性或情感共鳴。因此，這些經驗不能被視為

藝術。

　　雖然杜威主張擴展藝術的定義，但他並沒有否定藝
術作為一種特殊經驗的地位。藝術經驗在其創造性、表
現力和情感共鳴方面具有獨特的價值，這使得藝術在我
們的生活中占有特別的位置。生活中不具備這些特質的
經驗，雖然也有其價值和意義，但不屬於藝術的範疇。

藝術與日常生活經驗不該割裂開來

　　整體而言，杜威的理論重點在於探討經驗的質量，
並不僅僅限於討論藝術。雖然杜威在《藝術即經驗》中
專門探討了藝術，但他的整體哲學關注的是所有形式的
有價值的經驗，這些經驗通常包含創造性、表現力和情
感共鳴，這些是構成有價值的藝術經驗的核心要素。但
並非所有藝術經驗都必須同時具備這三個元素才能被稱
為藝術。不同的藝術形式和風格可能強調不同的元素，
而且觀者的個人經驗也會影響他們對藝術作品的感受。

他的觀點大大拓展了美學的範圍，打開「生活美學」的
大門，拉近了藝術與日常生活經驗的距離。

　　筆者撰寫本書的目的之一，正是希望能拓展讀者對
於美學視角的限制，可說與杜威的企圖不謀而合。因
此，如果我們想了解當代藝術之美，恰恰可以看一下杜
威的美學思想對當代藝術有哪些影響：

　　首先，**他反對將藝術與日常生活經驗割裂開來的
傳統觀點，強調藝術與生活的內在連結**。這為後現代
主義（Postmodernism）所謂的「美學泛化」（aesthetic
generalization）提供了理論基礎，使得日常生活美學、
環境美學等實用美學成為美學研究的新熱點。

　　其次，杜威認為**美感經驗和實用經驗並不存在截然
的界限，具有實用價值的作品，同樣可以具有美感和藝
術價值**。這為大眾文化和文化產業與藝術相互滲透、消
除高雅藝術與大眾藝術界限提供了理論支持。再者，杜
威強調**藝術表現應該體現創造性、表現力和情感共鳴等
元素，讓藝術擺脫固有的公式化和機械性**。

　　杜威的這些思想，對於理解當代藝術和美學實踐的新變化具有很大的啟發性。可以說，杜威的美學思想突破了傳統美學的局限，為建構符合當代藝術客觀規律的美學和藝術理論，提供了可供借鑑的路引。

美與真理的相互辯證 ——
阿多諾《美學理論》

　　自 18 世紀開始一連串的工業革命，世界歷經了幾次政治體制翻轉和大戰，社會階級的結構和人類的生活形態迎來翻天覆地的改變，作為反映人類內在精神狀態的藝術創作，也隨之產生相當不同的切入點和辯證方式。若想深入理解現代藝術乃至當代藝術，德國社會學家、哲學家阿多諾（Theodor W. Adorno）的《美學理論》（*Aesthetic Theory*）無疑是一條捷徑，甚至是必經之路。

　　身為法蘭克福學派（Frankfurt School）重要成員的阿多諾，強調美在批判與解放現實中的作用，為我們理解現代藝術和美學提供了全新視角。究竟阿多諾的美學理論為何？又如何與現代藝術緊密相連？

批判與反思

　　首先，阿多諾強調**藝術的批判性功能**，認為美的藝術作品能揭示現實中的矛盾與不公，促使觀眾進行反思與批判。這與 20 世紀以來的社會思潮和眾多現代藝術運動不謀而合，如達達主義（Dadaism）、超現實主義（Surrealism）等等，皆試圖透過顛覆傳統藝術形式，來批判與反思社會現實。此外，現代藝術家常挑戰觀眾的既有觀念，這種挑戰精神在阿多諾的美學理論中得到充分支持。

　　其次，阿多諾強調**藝術的自律性**，認為藝術作品應遵循自身內在邏輯與法則，不應受外部力量或商業機制

操控。這種自律性賦予藝術獨立性，使其得以更有效地進行批判與反思。同時，藝術也具有異質性，反映社會現實中的矛盾與問題，並以獨特形式表達。這表明藝術作品雖自律，卻非脫離現實的封閉體系，而是透過對現實的反思展現批判性。

這一觀點在現代藝術中也得到廣泛認同，許多現代藝術家堅持創作自由，反對藝術商業化或工具化；例如，抽象表現主義（Abstract Expressionism）和極簡主義（Minimalism）都強調藝術作品的內在邏輯與形式創新，這種自律性在阿多諾的理論中找到理論依據。

再者，阿多諾認為**美與真理密不可分**，他認為真正的藝術作品可以透過藝術形式揭示現實中的真理。許多當代社會實踐藝術與政治藝術，皆以獨特的方式揭示並挑戰現實中的社會不公與權力結構，這些藝術實踐與阿多諾的美學理論產生深刻共鳴。

以審美經驗提供新視角，打破僵化觀念

　　在審美經驗方面，阿多諾強調**審美經驗的辯證性**，認為審美經驗是主體與客體之間的動態交互作用，既包含主觀的感知與情感，也包含客觀的形式與內容。一個好的審美經驗，能打破日常生活中的僵化觀念，提供新的視角，讓人得以理解與反思現實世界。

　　至於藝術的構成，阿多諾認為**藝術作品中的形式與內容是不可分割的統一體**；形式是內容的表現方式，內容則是形式所揭示的深層意義。形式的創新必須加上內容的批判，才能共同構成藝術作品的整體價值，使其能夠有效地進行社會批判與反思。

　　從以上特色，我們可以發現，阿多諾的美學理論框架，不僅僅是抽象的哲學思辨，更能透過對具體藝術作品的分析，為我們理解藝術作品如何反映與挑戰社會現實提供深刻洞見，揭示了其批判與解放的潛力，讓我們得以更全面地認識藝術的社會價值與影響。在表 2-2，

《格爾尼卡》　　　《黑色方塊》　　　《向日葵籽》

表 2-2　以阿多諾的美學理論解讀藝術作品

藝術家／作品	解讀
畢卡索 （Pablo Picasso） ／ 《格爾尼卡》 （*Guernica*）	扭曲的形象、強烈的對比和混亂的構圖，無不體現了戰爭的殘酷與人類的痛苦。這種充滿矛盾與對立的表現手法，正是阿多諾「否定辯證法」的體現，它挑戰了我們對戰爭的美化和合理化，迫使我們正視戰爭的殘酷本質。
馬列維奇 （Kazimir Malevich） ／ 《黑色方塊》 （*Black Square*）	其純粹的抽象形式和色彩關係，彰顯了藝術的自律性。它拒絕再現現實，追求形式與色彩的內在邏輯，這與阿多諾強調藝術應具有獨立於社會現實的內在法則的觀點不謀而合。
艾未未 （Ai Weiwei） ／ 《向日葵籽》 （*Sunflower Seeds*）	一億顆以手工燒製的葵花籽陶瓷舖滿倫敦泰德現代美術館的展廳，既壯觀又精緻，卻同時揭示了中國製造業背後的勞動條件與人權問題。這種形式與內容的辯證統一，正是阿多諾美學理論的核心，它使作品超越了純粹的視覺享受，有了深刻的批判性。

《相似 I & II》　　　《尖叫的教皇》

藝術家／作品	解讀
瑪琳・杜馬斯 （Marlene Dumas） ／ 《相似 I & II》 （Likeness I & II）	瑪琳・杜馬斯的雙聯畫作品《相似 I & II》（2002）描繪了兩具屍體，參考了傳統宗教繪畫中耶穌的形象，尤其是漢斯・霍爾拜因（Hans Holbein the Younger）的《死去的基督》（1521）。引發觀者對生死、信仰與現實的思考。這種對傳統宗教形象的顛覆，正是阿多諾所說的「異質性」的體現，它挑戰了我們對宗教和死亡的既定觀念。
弗朗西斯・培根 （Francis Bacon） ／ 《尖叫的教皇》 （Study after Velázquez's Portrait of Pope Innocent X）	扭曲的教皇形象和強烈的情感表現，揭示了權力的腐敗與人類的孤獨。這種形式上的創新與內容上的批判，共同構成了阿多諾所說的「美與真理的辯證關係」。作品不僅在視覺上帶來衝擊，更引發我們對社會現實的深刻反思。

讓我們試著用阿多諾的美學理論，來解讀一些當代的知名藝術作品。

透過上述對於各種當代藝術品的解讀，可以看到阿多諾美學理論框架的豐富內涵。當代藝術的精髓，就在於當代的藝術品不再僅是美的載體，優秀的藝術品經常都能帶出對於社會現實的批判與反思，而不只是單純追求形式上的美，而是必須內外兼具，在否定、自律、辯證中展現出真理與力量。

趨向多元化和精英化的當代藝術——亞瑟・丹托《藝術的終結》

從 20 世紀中葉至晚期現代主義（Modernism），再進入後現代主義時期後，隨著人類生活型態和政經與社會結構的巨變，藝術家和評論家開始質疑傳統藝術的界限和意義，亞瑟・丹托（Arthur C. Danto）的美學著

《布里洛盒子》

作《藝術的終結》（*The End of Art*）就是誕生於這樣的
背景之下。這一時期的美學評論著重探索新的表達方式
和媒介，丹托在書中主要提出三大方向：

**1. 藝術的歷史可以看作是一個連續的發展過程，每
個時期的藝術家都在回應和反駁前一個時期的藝術潮
流。**他認為，從文藝復興到現代主義，藝術史的發展是
一個線性的發展過程，每個階段都有其特定的美學和技
術特徵。

**2. 他提出「藝術的終結」此一概念，這並非指藝
術的創作停止，而是指藝術不再受限於特定的風格或
運動。**在他的觀察中，以安迪・沃荷（Andy Warhol）
《布里洛盒子》（*Brillo Boxes*）為例，藝術進入了一個
後歷史（post-history）階段，到底什麼是藝術？什麼不
是藝術？取決於背後思想框架的界定，外在的視覺已經
不是唯一的判斷標準。到了這個階段，傳統的藝術評論
失去功效，藝術的藩籬被打破，因為已經沒有特定的標
準或範疇來界定藝術，任何東西都可以成為藝術。

　　3.「藝術的終結」標誌著藝術不再只關注形式和技術，而是進入了一個更為多元和富含哲學的領域。他強調，藝術作品需要透過哲學的解釋來理解，藝術不再只是感官的享受，而是包含了更深層次的意義和思想。像是許多觀念藝術（Conceptual Art）或行為藝術（Performance Art），採用的形式就不同於以往的創作方式。

藝術精英與大眾的鴻溝

　　在丹托的哲學思考中，許多藝術創作不再只是為了滿足感官或進行情感交流，而是直接指向背後的意義與思想。這類作品需要觀眾具備基本知識、甚至專業能力才能理解。在這些一般大眾無法體會的藝術論述中，藝術精英找到自己的價值，藝術家們因而趨向成為高雅（high）藝術的創作者，相互欣賞並建立起聯繫，形成了同溫層。隨著全球化的演進，他們在國際間相互支援

和合作，以擴大自身的影響力。

　　藝術精英在找到共鳴的同溫層後，會更進一步發展創作與理論，可能成立藝術團體、組織或學術機構，舉辦展覽、研討會和論壇，促進高層次的藝術交流與合作。同時，他們也可能透過出版物、期刊和專業媒體傳播理念與作品，擴大影響力。當這些能量積累到一定程度，便有可能引發新的藝術突破，在藝術史上留下足跡。

　　然而，藝術精英深厚的理論與大眾之間存在鴻溝，一旦脫離大眾，他們將面臨挑戰。首先，他們需要尋求資金來源，通常來自藝術基金會、贊助人或政府補助；其次，他們可能需仰賴藝術市場的買家與收藏家，以確保經濟來源。

　　對於大眾的美學素養與藝術精英們的看法不一。有人認為大眾缺乏欣賞高級藝術的能力，需透過教育提升美學素養；也有人認為大眾的審美經驗與需求不同，應尊重其多樣性，而非強求人人理解高等藝術。

為彌合與大眾的鴻溝，部分藝術精英嘗試透過教育計畫、講座和工作坊提升大眾的藝術欣賞能力。他們也可能參與社區藝術活動，將藝術融入生活，讓更多人接觸並理解藝術。此外，藝術家們或許可創作更易理解的作品，在保有藝術深度的同時，讓更多大眾接受欣賞。

找回對作品的直感和體驗——
蘇珊・桑塔格《反對解釋》

蘇珊・桑塔格（Susan Sontag）的《反對解釋》（*Against Interpretation*）最早發表於 1964 年，之後在 1966 年集結成書，收錄她的一系列散文和評論，全書主要探討藝術和文化批評等問題，並對當時的文學和藝術批評風氣提出了質疑和挑戰。

此書發表於 20 世紀 60 年代，那是一個社會、文化、和政治劇變的時代，當時的美國經歷民權運動、女

權運動、反戰運動等一系列社會運動，文化和藝術界也
同樣處於變革和反思中。蘇珊・桑塔格見證了那個時代
對傳統價值觀和既有體制的挑戰，也和同時代的知識分
子與文化人一樣，對於傳統藝術表現形式和文化理論展
開很多挑戰與批判。

藝評應協助受眾提升對藝術作品的感知能力

在《反對解釋》這本論著中，桑塔格主要批評當時
的文學和藝術評論界「過於強調對作品的解釋」。她認
為過多的解釋容易變成鑽牛角尖，有時反倒扭曲了藝術
作品的原意。她主張應該更多地關注作品的形式和感官
經驗，而非僅是窮究作品意義。同時書中也強調形式在
藝術作品中的重要性，認為作品的形式本身具有價值，
而不僅只是傳達某種意義的手段。這項觀點與當時流行
的形式主義（Formalism）理論有所共鳴。

此外，桑塔格更進一步主張，人們應該要回歸對作

品的直接感受和體驗，評論則應該更致力於提升和擴展人們的感知能力，而不是僅僅分析和解釋作品。她呼籲評論者應該幫助讀者更好地體驗和感受藝術，而不只是用自己的解釋框架去限制作品的多樣性和豐富性。

按照桑塔格的理論，對於藝術作品意涵的認識，只是作為輔助與強化。她認為，意涵應該是用來增強我們對作品形式和感受的理解，而不是主導我們對作品的真實反應。面對藝術品時，若一味過度的解釋和強調意義，只會削弱我們對形式和感官經驗的重視。

Chapter 3

反映多元面向的
重要美學觀點

　　除了前面八位美學家及其最具代表性的重要美學論著外，歷史上還有許多重要哲人，也都對美學提出相當多元的見解，有些也許不是專門談論美學，但他們分別從不同角度闡述對於美學與藝術的看法，大大擴展了美學思維的廣泛性，其觀點及意義在美學與藝術的歷史長河中，也是具有相當深遠的影響。

　　對於想要深入認識美學的人來說，除了前面的美學專書外，這些哲人的思想具有很高的參考價值，很值得

大家花點時間潛心研究。以下列舉九位對擴展我美學視
野很有幫助的哲學家、思想家，並幫大家逐一整理他們
對美學和藝術的見解與觀點。

美與善比翼並行 —— 柏拉圖的美學

　　柏拉圖和前面講過的亞里士多德同為希臘三哲之
一，他的美學思想圍繞著美的本質和藝術的價值展開。
簡單來說，他認為美不是我們眼前看到的具體事物，而
是一種超越具體事物的永恆理念。

　　柏拉圖認為，世界上所有的具體事物只是「理型」
（forms / ideas）的影子，理型是一種完美且永恆的存
在。我們看到的美麗事物，只是對這個理型的模仿，因
此真正的「美」存在於理型世界中，而不是具體的物
體；例如，一朵美麗的花，在物質世界中只是「美之理
型」的反映，物質世界中任何美的事物，都只是這種理

型的具體表現。

　　他還認為，美與善是不可分割的，真正的美不僅僅是外在的美麗，更是內在的德性和智慧的體現，追求美其實就是追求善。柏拉圖在《饗宴》（*Symposium*）中透過蘇格拉底和狄奧提瑪（Diotima）的對話，描述了愛情從對個別美麗事物的愛，逐步提升到對所有美的愛，最終達到對「美之理型」的愛。這種追求美的過程，也等於是靈魂提升的過程，最終引領人們達到智慧和善的境界。

　　對於藝術，柏拉圖持有批判態度。他認為藝術是對現實的模仿，而現實又是對理型的模仿，所以藝術離真理更遠，價值較低，因而藝術品可能會誤導人們，使他們遠離真理和理性。在《理想國》（*The Republic*）中，柏拉圖提到詩人和畫家創作的作品，只是對現實生活的模仿，而現實生活本身則是對理型的模仿；例如，一幅畫作只是一張床的影像，而這張床本身也是對「床之理型」的模仿。

　　儘管柏拉圖對藝術有所批評，但他也承認藝術具有教育功能，能透過影響情感和理性，幫助人們認識善和美。在《理想國》中，柏拉圖提倡詩歌和音樂教育，認為適當的藝術教育，可以培養年輕人的品格，幫助他們理解和追求善。然而，他也強調，藝術必須受到嚴格的控制，以防對靈魂產生負面影響。

美感是可以培養的 —— 休謨的美學

　　大衛‧休謨（David Hume）的美學思想主要集中在對美的主觀性、品味的標準，以及情感和經驗在審美判斷中的作用。他認為美是主觀的，在其著作〈論品味〉（Of the Standard of Taste）一文中，詳細探討了以下觀點：

　　1. 美的主觀性（subjectivity of beauty）：休謨主張「美是主觀的」，存在於觀察者的心中，而不是物體本

身。不同的人對同一事物的審美判斷可能會有很大的差異，這取決於個人的情感、經驗和文化背景；例如，一幅現代藝術的抽象畫可能在某些人眼中非常美麗，而在另一些人眼中則可能毫無美感。這說明美的判斷取決於觀察者的個人經驗和品味。

2. 品味的標準（standards of taste）：儘管休謨認為美是主觀的，他也提出了一些評判品味的客觀標準。他認為透過教育和經驗的積累，人們可以培養出更好的品味。具備良好品味的人，能夠更準確地評價藝術作品的價值；例如，一位受過良好藝術教育的評論家和對藝術一無所知的人，對於同一幅畫的評價可能大相徑庭。評論家的判斷通常更具說服力，因為他們的品味是透過長期的學習和經驗培養出來的。

3. 情感和經驗在審美判斷中的作用（role of sentiment and experience）：休謨強調，情感和個人的經驗在審美判斷中起著重要作用。他認為，人們對藝術作品的反應是由自身的情感引起的，而這些情感又受到個人經歷

的影響；例如，一首悲傷的音樂，可能讓經歷過悲傷事件的人產生強烈的情感共鳴，而對於沒有類似經歷的人來說，這首音樂的情感衝擊力可能較弱。

4. 普遍認同的美（general agreement on beauty）： 雖然美是主觀的，但在某些情況下，人們對於某些藝術作品的美感可以達成一致。休謨提出，一些具有共識的美是透過歷史和文化長期累積形成的；例如，莎士比亞（William Shakespeare）的戲劇或米開朗基羅（Michelangelo Buonarroti）的雕塑等等經典作品，雖然人們的個人審美可能不同，但這些傑作在很大程度上被廣泛認為是美的，這是因為它們經受住了時間的考驗，並被多代人所欣賞。

整體而言，休謨的美學強調美的主觀性，認為美是觀察者心中的情感反應。然而，他也提出了透過教育和經驗可以培養出更好的品味，在某些情況下，廣泛的文化和歷史共識可以形成普遍認同的美感。他的美學觀點融合了主觀性和某種程度的客觀標準，為理解美的本質

提供了一個多層次的框架。

美來自規律、平衡與和諧 ——
孟德斯鳩的美學

　　孟德斯鳩（Montesquieu）是 18 世紀法國的著名政治哲學家，他的美學思想主要體現在其對自然、社會和政治的觀察中。雖然孟德斯鳩並未專門撰寫美學著作，但他的美學觀點可以從他的文章〈論法的精神〉（The Spirit of the Laws）和《波斯人信札》（*Persian Letters*）一書中得窺一二，有以下幾個重點：

　　1. 自然與美（nature and beauty）：孟德斯鳩認為自然是美的根源，自然的美是人類審美經驗的基礎。他強調自然的和諧與秩序，認為美來自於自然的規律與平衡。在《波斯人信札》中，孟德斯鳩描寫了波斯旅行者在法國的見聞，他們對自然風光的讚美體現了對自然美

的崇敬；例如，當旅行者描繪法國鄉村的田園風光時，他們強調了自然景色的和諧與寧靜，這種對自然美的欣賞反映了孟德斯鳩的自然美學觀點。

2. 法律和秩序（law and order）之美：對孟德斯鳩來說，法律和秩序本身也是具有美感的，公正、合理的法律制度能夠帶來社會的和諧與穩定，這種秩序和公正的美感對個人的審美經驗具有積極的影響。孟德斯鳩在〈論法的精神〉中提到，羅馬法的公平與合理使其成為一種美的象徵，法律的清晰和公正使社會運行有序，這種秩序與和諧本身就具有美感；例如，當羅馬法強調契約的嚴格執行和個人權利的保護時，這種法律的美感體現了社會的穩定與和諧。

3. 社會與政治體制（society and beauty）之美：承繼前一項觀點，孟德斯鳩進一步認為，社會制度和政治環境可以形塑美的感知，不同的政體和法律制度會培育出不同的審美趣味和文化風貌。在〈論法的精神〉中，孟德斯鳩談到共和政體、君主政體和專制政體對社會和

文化的影響。他指出，在共和政體中，由於強調自由和平等，人們的審美趣味往往傾向於簡約和自然；而在君主政體中，奢華和莊嚴的美學更為流行，因為這種政體強調權力和威儀。此外，孟德斯鳩推崇三權分立（立法、行政、司法分立）的政治制度，認為這種制度能夠保持權力的平衡，防止濫用權力，從而實現政治上的和諧與穩定，因而這種平衡和秩序本身就具有一種美感，可以反映社會的公平與正義。

4.文化多樣性與美（cultural diversity and beauty）：
此外，孟德斯鳩也強調文化多樣性的美，認為不同文化和風俗習慣中的美各具特色，應該被尊重和欣賞。在《波斯人信札》中，孟德斯鳩透過波斯旅行者的眼睛，展示了法國和波斯文化之間的差異，並表達了對不同文化美的欣賞；例如，他描述了波斯花園的精緻與美麗，並將其與法國的幾何花園進行對比，強調了每種文化中獨特的美。

　　孟德斯鳩的美學思想雖然並未系統化，但透過對自

然、社會、法律和文化的觀察,展現出美的多維度。像
是自然的和諧與秩序,社會制度對審美趣味的影響,法
律的公正與美感,文化多樣性的價值,以及政治制度中
的美學元素,這些都是他所重視的。

真正的美學體驗來自無欲無求 —— 叔本華的美學

　　叔本華(Arthur Schopenhauer)是 19 世紀德國重
要的哲學家,他的哲學思想融合西方哲學,又融合東方
佛教思維,發展出色彩鮮明的形而上學和意志哲學,對
20 世紀的存在主義思潮(Existentialism)影響深遠。他
的美學思想可以被視為一個整體,但可以從不同的角度
來探討,主要體現在其代表作《作為意志和表象的世
界》(*The World as Will and Representation*)中,以下
整理出幾個不同的思考角度,幫助讀者更全面性理解其

審美觀：

1. 世界作為意志和表象：這是叔本華哲學的基礎。他認為世界分為兩個層面：表象（representation）和意志（will）。表象是我們感知到的現象，意志則是世界的本質，是一種不斷追求、永不滿足的力量。意志導致痛苦，因為它的追求永無止境。

2. 美的無欲審視：叔本華認為，當我們欣賞藝術品時，能夠脫離意志的束縛，進入純粹的審美狀態，這時我們不再考慮個人的需求和渴望，而是完全沉浸在美的表象中，這是他美學思想的核心概念。

3. 藝術的解脫功能：這一點與美的無欲審視密切相關，由於叔本華認為藝術具有解脫功能，可幫助人們暫時擺脫意志帶來的痛苦和煩惱。因此，藝術創作和欣賞的過程能讓人進入一種超越個人困擾的境界，獲得精神上的安慰和滿足。

4. 天才與藝術家的角色：叔本華認為，藝術家和天才具有特殊的能力，能夠看到和表達事物的普遍性，而

不僅僅是個別現象。他們透過創作藝術作品，將這種普遍性展示給觀眾，從而引導觀眾進入無欲的審美狀態。

5. 音樂的特殊地位：對叔本華來說，音樂是最直接表達意志的藝術形式，因為它不依賴於具體的形象或概念，而是直接影響聽眾的情感和心靈。音樂可以最直接、最深刻地表達和影響人類的情感。

整體而言，叔本華的美學強調藝術在暫時解脫意志帶來的痛苦中的作用，並認為真正的美學體驗是一種無欲的審視。藝術家和天才透過創作展示了事物的普遍性，引導觀眾進入純粹的審美狀態，而音樂在這其中具有特殊的地位，因為它最直接地表達了意志並影響人的情感。

聆聽內在聲音、勇於追求我實現——愛默生的超驗主義

　　熱愛自然的愛默生（Ralph Waldo Emerson）是 19 世紀美國的重要思想家、和散文家，他所力倡的「超驗主義」（Transcendentalism）有「美國文藝復興運動」之稱，是一個影響美國與全世界的重要哲學和文學運動。其主旨強調個人的直覺、自然與自我實現。以下是愛默生對超驗主義的幾項核心觀點：

　　1. 個人直覺與內在真理（individual intuition and inner truth）：愛默生認為，每個人都有一個內在的神性，並且透過直覺可以直接感知真理和道德原則，而不必依賴外在權威或傳統。在〈自力更生〉（Self-Reliance）一文中，愛默生鼓勵人們相信自己的直覺和內心的聲音，並追隨自己的獨特道路，而不是盲從他人的意見或社會的期待；例如，一個人可以選擇從事藝術創作，而不是按照家庭的期望，去從事一份傳統的職業，

這是一種遵循內在直覺的行為。

2. 自然與超驗經驗（nature and transcendental experience）：由於自然是超驗主義的重要元素，愛默生認為自然界是上帝和靈魂的反映，透過與自然的接觸，人們可以獲得深刻的精神啟示和超驗經驗。在《自然》（*Nature*）一書中，愛默生描述了他在大自然中獲得的靈感和啟示。他認為，在寧靜的森林中漫步，觀察花朵的開放或聆聽鳥兒的鳴唱，都可以讓人感受到與宇宙和諧相處的喜悅，並體悟到生命的深層意義。

3. 自我實現與個人自由（self-reliance and individual freedom）：愛默生主張每個人都應該追求自我發展，實現自己的潛力，而不是屈從於社會的規範或他人的期待。在〈自力更生〉中，愛默生強調個人獨立和自我依賴的重要性。他提到，真正的成功來自於對自己獨特才能和興趣的探索和發揮，比方一位年輕人選擇離開舒適的家庭環境，去探險和學習新的技能，這樣的決定體現了自我實現和個人自由的精神。

4. 靈性成長與道德改進（spiritual growth and moral improvement）：超驗主義強調靈性成長和道德改進，愛默生相信人類具有無限的潛能，可以透過內省和自我提升達到更高的精神境界。在〈美國學者〉（The American Scholar）這篇講稿中，他呼籲學者們要超越書本知識，追求內在的智慧和靈性的成長，人們應該不斷反思自己的行為和信念，以達到更高的道德標準；例如，一個人致力於慈善事業，幫助貧困社區改善生活條件，這是一種追求道德提升的具體表現。

5. 社會改革與進步（social reform and progress）：雖然超驗主義強調個人，但愛默生也支持社會改革，認為個人的精神覺醒可以推動社會的進步和改善，對廢奴運動的支持就體現了他的社會改革思想。他相信，每個人都應該享有自由和平等，並積極參與推動廢除奴隸制的運動。這種參與社會改革的行動，展示了超驗主義者追求正義和進步的價值觀。

可以說，愛默生的超驗主義強調個人的直覺、自我

實現和靈性成長，並主張透過自然與個人的聯繫來獲得
深刻的精神啟示。他鼓勵人們追求內在的真理和個人自
由，並參與社會改革以促進整體進步。愛默生的這些思
想對後世的哲學、文學和社會運動，產生了深遠的影
響。

擁抱痛苦，綻放藝術，成為超人 ──
尼采的美學

　　尼采（Friedrich Nietzsche）的美學思想深受他對
生命、藝術和個人超越的見解影響。他的美學觀點主
要強調藝術的生命力、悲劇的意義、酒神精神和日神
精神的對立以及藝術在超越人生困境中的作用等等。
這些觀點體現在多部著作如《悲劇的誕生》（*The Birth
of Tragedy*）和《查拉圖斯特拉如是說》（*Thus Spoke
Zarathustra*）等，歸納來說，有下列幾個重點：

1.「日神精神」與「酒神精神」（Apollonian and Dionysian）：在《悲劇的誕生》中，尼采以日神／阿波羅精神和酒神／戴奧尼索斯精神這兩種藝術衝動作為對比。日神精神代表秩序、理性、個體性和美的形式；酒神精神代表狂熱、混沌、集體性和生命的原始力量。尼采認為，偉大的藝術作品應該出自這兩種力量的融合，以古希臘悲劇為例，優秀的希臘悲劇是日神精神和酒神精神完美結合的體現。在悲劇中，理性的劇情結構（日神）和狂熱的情感表達（酒神）共同作用，創造出深刻的藝術效果；例如，埃斯庫羅斯的《奧瑞斯提亞》＊展示了命運和正義的理性思考，同時也充滿了強

＊　埃斯庫羅斯的《奧瑞斯提亞》由三部悲劇組成，分別是《阿伽門農》（*Agamemnon*）、《奠酒人》（*The Libation Bearers*）和《報仇女神》（*The Eumenides*），講述阿特柔斯家族的悲劇故事，從綿延好幾代的親族仇殺到和解，深刻探索正義、復仇和命運等主題，呈現難解的跨代復仇如何透過公共審判劃上休止符的過程，以及法治的重要性。這部作品不僅是古希臘悲劇的經典之作，也對後世的文學和戲劇產生了深遠的影響。

烈的情感和戲劇性的衝突。

2. 藝術的功能與「超人」（Übermensch）：尼采認為，藝術是對生命的積極肯定和提升。透過藝術，我們可以超越平凡的現實，體驗到生命的豐富和深刻。藝術不是逃避現實，而是強化和美化生活，使我們能夠更勇敢地面對生命中的痛苦和挑戰。尼采在《查拉圖斯特拉如是說》中提到，「超人」是一個能夠創造自己價值和意義的人，而藝術在這個過程中扮演著關鍵角色。譬如，一位畫家透過其作品表達對生命的深刻理解和熱愛，這種創作過程使他成為自己的價值創造者，超越了平凡的人生困境。

3. 悲劇的價值（the value of tragedy）：對尼采來說，悲劇是最崇高的藝術形式，因為它揭示了生命的矛盾和痛苦，同時也展示了人類面對命運的勇氣和尊嚴。悲劇透過藝術形式讓我們正視痛苦，並從中獲得力量。莎士比亞的《哈姆雷特》（*Hamlet*）*是一部經典的悲劇，呈現出主角哈姆雷特面對命運、復仇和內心掙扎的

過程。透過這個角色，我們看到人類在面對深刻痛苦時所展現出的思索和對命運的搏鬥，讓觀眾在情感上深深得到共鳴與啟迪。

4. 藝術的創造力（artistic creativity）：尼采認為，藝術家是擁有創造力和洞察力的人，他們能夠透過藝術創作表達對生命的深刻理解和感受。藝術創作是一種超越自我、實現自我的過程，是一種精神上的突破和重生。

尼采的美學強調藝術在肯定生命、超越痛苦和實現個人超越中的作用。他提出的日神精神和酒神精神的對

＊　《哈姆雷特》是莎士比亞最為知名的悲劇作品，講述丹麥王子哈姆雷特為父復仇的故事。在父親幽靈顯靈下，哈姆雷特決定殺死與母親再婚的叔叔為父復仇，但出於內心的掙扎和猶豫而遲未行動，行為日趨古怪的王子和母親及情人奧菲莉亞產生衝突。最終，哈姆雷特雖然在決鬥中殺死叔叔復仇成功，但自己也被毒劍所傷而死。全劇對於生命的意義、權力鬥爭、親情與愛情等複雜的人性與內心矛盾有深刻的刻畫。

立與融合，展示了藝術創作的深刻內在動力。他認為藝術不是逃避現實，而是透過強化和美化生活，使我們能夠更勇敢地面對生命中的挑戰和痛苦。悲劇和音樂在他的美學體系中則是具有特殊地位，因為它們能夠直接觸及和表達人類的情感和內心深處。

美是觀者詮釋的共鳴 —— 伽達默爾的詮釋學美學

　　著名德國哲學家伽達默爾（Hans-Georg Gadamer）是 20 世紀深具影響力的詮釋學（Hermeneutics）大師，《真理與方法》（*Truth and Method*）是他最重要的哲學著作，書中很多篇章皆討論到藝術與美學。整體而言，他認為美學是一種關注理解和解釋的哲學方法，尤其特別強調藝術作品的意義是透過解釋和理解過程產生，其相關論點如下：

《蒙娜麗莎》

1. 美的經驗（experience of beauty）：伽達默爾認為，藝術作品的美是透過觀者的經驗產生的。美的經驗不是單純的感官愉悅，而是一種深層次的理解和共鳴。當觀眾欣賞達文西（Leonardo da Vinci）的《蒙娜麗莎》（*Monna Lisa*）時，不僅被畫作的技巧和色彩吸引，更會產生一種深刻的情感和思想共鳴。這種美的經驗來自於觀者對畫作中的表情、背景和細節的理解，並引發了他們的內心思考和情感共鳴。

2.「遊戲」（play）論：伽達默爾將藝術作品的創作和欣賞過程比作「遊戲」。藝術作品和觀者之間的互動就像一場遊戲，其中規則和角色隨著解釋的過程而變化；例如，在觀看莎士比亞的戲劇《哈姆雷特》時，觀眾進入了一個由劇本和表演者創造的虛擬世界。他們參與這個「遊戲」，理解角色的動機和情感，並在此過程中形成自己的解釋和意義。

3. 前理解（pre-understanding）：伽達默爾認為，理解任何藝術作品，都依賴於觀者已有的知識、經驗和

文化背景。這些前理解影響了他們如何解釋和體驗藝術作品；例如，一位對古希臘文化有深刻了解的觀眾，在觀看索福克勒斯的悲劇《安蒂岡妮》（*Antigone*）時，會更容易理解劇中女主角為了安葬曝屍荒野的叛國哥哥，不惜觸法所引發的一連串悲劇，並對她所面對的衝突與困境產生更深刻的共鳴，若先有這些「前理解」，就能讓觀眾在欣賞過程中的感受更為豐富和深入。

4. 語言的作用（role of language）：伽達默爾強調語言在理解過程中的核心作用。他認為，語言是人類交流和理解的基礎，藝術作品透過語言表達其意義，無論是文字、音樂還是視覺藝術。當我們在閱讀詩歌時，讀者透過語言的文字和結構來解釋詩的意義。比如，當你朗讀葉慈（William Butler Yeats）的〈當你老了〉（When You Are Old）時，讀者透過詩中的語言和意象，理解詩人對愛情和時間流逝的深刻感受。

5. 視域融合（fusion of horizons）：「視域融合」是指觀者的視域（理解的背景和範疇）與藝術作品的視

域在理解過程中相互交融，產生新的意義；例如，當一位現代觀眾欣賞梵谷的《星夜》（見第 75 頁）時，他們的視域可能包括現代藝術史、心理學和個人生活經驗。這些視域與梵谷創作時的視域相互交融，形成一個獨特的解釋，可讓觀者更深刻地理解梵谷的情感表達和創作背景。

　　伽達默爾的美學思想提供了一種動態和互動的藝術理解方式，他認為藝術作品的意義是在觀者的理解和解釋過程中生成的，而這一過程受到觀者的背景知識和文化視域的影響。因此，他特別強調觀者在藝術體驗中的主動參與和解釋，尤其是美的經驗、遊戲性、前理解、語言和視域融合等概念，都有助於觀者或閱讀者的美感體驗。

《亞維農的少女》

「有意味的形式」能激發審美情感
── 克萊夫‧貝爾的美學

　　英國藝術評論家克萊夫‧貝爾（Clive Bell）堪稱形式主義美學的重要旗手，對後印象派、立體主義等現代畫作和原始藝術都有精闢的分析與評論。他最重要的觀點是藝術的核心在於形式，而不是內容，並強調藝術的形式在引起美學情感中的重要性：

　　1.「有意味的形式」（significant form）：貝爾最主要的美學觀點就是「有意味的形式」，在貝爾的重要著作《藝術》（*Art*）中，他提出藝術作品的美應來自於其「有意味的形式」，也就是線條、色彩和構圖等視覺元素的安排，要能引起觀者的美感，而且這種美感是出於作品形式的排列和組合的內在價值，與藝術作品的內容無關；例如，畢卡索的《亞維農的少女》（*The Young Ladies of Avignon*）*這幅現代藝術作品，具體而微的展示此一概念，畫中的線條和色彩的排列構成了一

《睡蓮》

種獨特的視覺效果，激發觀者的美學情感。儘管畫中的人物形象是抽象的，其形式的顯著性使得觀者能夠感受到強烈的藝術感染力。

2. 美學情感（aesthetic emotion）：貝爾強調，美學情感是一種特殊的情感反應，只有在面對具有意味形式的藝術作品時才會產生。這種情感與日常情感不同，是對藝術形式的純粹反應。當我們觀賞莫內（Claude Monet）的《睡蓮》（*Water Lilies*）系列作品時，水中的色彩和光影的變化，會引起我們的美學情感。這種情感不是因為我們聯想到某個具體的場景或故事，而是對這些色彩和形狀組合的直接反應。

＊　畢加索的《亞維農的少女》標誌著立體主義（Cubism）的誕生，描繪亞維農家某妓院中的五位裸女，畢加索以分解和重組的方式描繪人物，其姿態和背景充滿了破碎和扭曲的形狀，打破了西方畫作傳統的透視技法，將不同視角同時呈現在同一平面上，並挑戰了藝術表達的本質，而這種新技法後來也成為立體主義的重要特徵。

《無題》

3. 藝術與生活的區分（art and life distinction）：
貝爾認為藝術應該與生活區分開來。藝術作品不應該依賴於其內容或敘述來引起情感，而應該依靠其形式本身來傳達美學價值。以羅斯科（Mark Rothko）的色域繪畫（Color-Field Painting）為例，如《無題》（*Untitled*）系列畫作展現了藝術與生活的區分，這些作品沒有具體的敘述或內容，而是透過大色塊的排列和色彩的微妙變化，來引起觀者的美學情感，讓人們沉浸在純粹的視覺體驗中。

4. 普遍性（universality）：對貝爾來說，美學情感具有普遍性，不同文化背景的人在面對具有有意味形式的藝術作品時，會產生類似的情感反應；例如，若以中國的山水畫如范寬的《谿山行旅圖》為例，雖然風格和西方藝術品迥異，但其構圖的和諧與筆法的精妙，也能夠引起西方觀眾的共鳴，觀者對其形式美的反應證明了美學情感的普遍性。

5. 排斥敘事（rejection of narrative）：貝爾主張真

正的藝術不應該依賴敘事或故事來引起情感共鳴，而應該專注於形式的顯著性。藝術作品的價值在於其形式美，而非其所述的故事或傳遞的道德信息；例如，康定斯基（Wassily Kandinsky）的抽象畫作，如《即興第 31（海戰）》（*Improvisation No. 31/Sea Battle*）展示了形式的純粹性，而不是依賴於具體的敘事。這些作品透過形狀和色彩的組合來創造視覺效果，引起觀者的美學情感，而不需要依賴於特定的故事或意象。

　　總結來說，貝爾的美學理論強調「有意味的形式」是藝術作品的核心，並認為藝術品應透過其形式激發觀者的美學情感，而不是依賴內容或敘事；此外，他主張藝術應與生活區分開來，由於這種形式美具有普遍性，能夠跨越文化，引起共鳴。

藝術是由藝術界認可的產物 —— 喬治·迪基的藝術制度理論

美國當代哲學家、美學家喬治·迪基（George Dickie）著有《審美態度的神話》（*The Myth of the Aesthetic Attitude*）、《定義藝術》（*Defining Art*）、《藝術和美學》（*Art and the Aesthetic*）、《藝術圈》（*The Art Circle: A Theory of Art*）等。他所提出的「藝術制度理論」（Institutional Theory of Art），認為藝術品的本質在於其在藝術世界中的地位，而不是其內在的性質。是現代美學中的一個重要理論，對於我們理解當代藝術如行動藝術、裝置藝術等很有幫助，其相關的論點如下：

1. 藝術世界的制度（institution of the artworld）：
迪基認為，藝術品的身分是由藝術世界中的某些制度和行為規範所決定的。這些制度包括藝術家、畫廊、博物館、評論家和觀眾等共同構成的網絡。一個普

《泉》

通的物體，如一個小便池，當馬塞爾·杜尚（Marcel Duchamp）在上面簽名並命名為《泉》（*Fountain*），再將其放入藝術展覽中時，它便被賦予了藝術品的地位。這一轉變不是因為小便池本身的性質發生了變化，而是因為藝術世界的制度賦予了它這種地位。

2. 藝術家與藝術作品的定義（definition by artists and institutions）：迪基指出，任何一個物體或表演，只要被某個被承認的藝術家創作出來並且被藝術世界的成員接受，就可以被視為藝術品；例如安迪·沃荷的《金寶湯罐頭》（*Campbell's Soup Cans*）就是一系列將商業產品變為藝術品的畫作。這些作品在本質上並無特別之處，但因為它們是由被承認的藝術家創作，並且被藝術世界的機構如畫廊和博物館展出，因此被認為是藝術品。

3. 觀眾的角色（role of the audience）：迪基的理論還強調觀眾在藝術品認定中的重要作用；藝術品需要被展示並被觀眾接受，觀眾的反應和理解是藝術品得以

《氣球狗》

成立的部分原因。一場行為藝術，如瑪麗娜·阿布拉莫維奇（Marina Abramović）的《藝術家在此》（*The Artist is Present*），其藝術性部分依賴於觀眾的參與和反應，觀眾在與藝術家的互動中，成為作品的一部分，這使得表演本身成為一件藝術品。

4. 藝術品的展示和接受（display and acceptance）：一件物品或表演成為藝術品的另一個關鍵因素，是它被展示和接受的方式；藝術世界的機構，如博物館和畫廊，透過展覽和展示來認可和宣傳藝術品。傑夫·昆斯（Jeff Koons）的雕塑作品，如《氣球狗》（*Balloon Dog*），這些作品在設計和材料上模仿了日常物品，但因為它們在著名的畫廊和博物館展出，並且被評論家和收藏家接受，因此被視為當代藝術的重要作品。

5. 批評和支持（criticism and support）：迪基的理論也接受「批評和支持」，認為藝術品的地位是經由藝術世界的對話和辯論中確立的。評論家的評論、學術研究和藝術理論，都是確立藝術品地位的要件之一；例

如，當藝術評論家和學者開始認真對待街頭匿名藝術家
班克斯（Banksy）的作品時，這些作品就從非法塗鴉轉
變為受人尊敬的藝術品，並被展出於世界各地的博物館
和畫廊中。

　　整體而言，喬治‧迪基的制度理論強調，藝術品的
身分和價值，是由藝術世界的制度和機構所確定的，藝
術品不僅僅是其內在特質的結果，更是由藝術家、觀
眾、評論家、畫廊和博物館等共同作用的產物。此一理
論改變了人們對藝術的理解，讓我們看見社會和制度在
藝術定義中的關鍵角色，也了解當代藝術的最新發展和
特質。

　　透過第二章、第三章對於諸多重要哲學家和美學家
的美學觀點介紹，相信大家對於美學的多元性與殊異的
觀點，都有了基本認識。由於本書的初心是希望能以輕
鬆有趣的方式介紹藝術和美學，就像聊天一樣，不希望
大家死記理論，因此帶領大家快速認識基本的美學思想

背景後，更重要的還是希望大家能敞開心胸，開始對周遭的事物產生興趣，進而大膽走出去，盡情探索各種藝術與美學的風景。

接下來，就讓我們繼續用新的眼光，接觸在我們四周的美感場域，帶著多元而舒適的心態，盡情去逛美術館、博物館，而不用再擔心自己「看不懂」了。因為透過逐步的美學修煉，大家對於欣賞藝術作品的能力，已經邁出第一步，只要在日常生活中，繼續有意識的增加自己的美感經驗值，必定能夠有效拓展個人的審美能力。長期下來你就會發現，無論在心靈的深度還是廣度上，內在對於美的感受漸漸開始不一樣了。

PART 2

看一下————

吸收藝術場域的美學底蘊

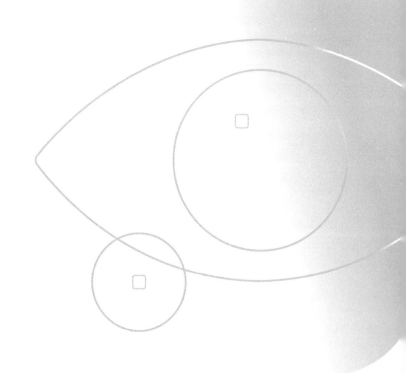

Chapter 4

從美術館場域汲取生命養分

　　在前面的篇章，大致將我認為重要的美學思潮和變化做了一番簡介，希望大家能對西方重要思想家、哲學家的審美概念有基本認識。從中我們也可以了解，所謂的美學、美感或審美，是相當多元而且有很多層次的，有理性面、也有感性面，除了觀賞藝術作品之外，也可以從大自然或從美德或美好事物中獲得，至於藝術作品的鑑賞，更是一種綜合體，光有高超技法或只有偉大意涵，都不足以構成好的藝術品。而且觀賞者本身的狀態、特質或文化背景，也會讓他「看到」或「感受到」的美感經驗有所不同。

以咖啡廳作為起點的美術館之旅

　　但是這些都沒關係，或是應該說，這才是美學修煉的價值所在，因為對於美的感受是自己的，這不是考試，也不用和誰比較，如同叔本華所主張的，真正的美學體驗並不是為了實用；蘇珊・桑塔格也認為，找回你最直接的感覺，會比忙著尋找意義、說出一番道理更重要。美學應該是一種多元而開放的生活態度，接近美學除了讓生活更豐富有趣，不知不覺你也會發現，當你對萬事萬物的觀看角度更多元，心靈之窗無形中也會被打開，當然羅馬不是一天造成，重點是你要先覺察自己的真實感受。

　　走進美術館或博物館的原因可以有千百種，以我本身來說，我並不是熱衷追展覽或是以蒐集美術館為目標的人，一開始我只是小時候喜歡畫畫，後來工作太忙擱置了，但想要在生活中找回一份可以悠遊的閒情而已。隨著數位相機出現，先是重拾對於創作的樂趣，開始對

攝影越來越投入，然後追索背後的美學，頻繁造訪美術館。

　　說起來，除了美術館提供反思、擴展了我的見聞，最主要還是我喜歡它的氛圍。在忙碌的工作之餘，我特別喜歡一個能讓我徹底放空、安靜休息的場所，有時去咖啡廳覺得吵，也不可能沒事就跑到山上或野外去，漸漸的，我發現美術館是我在城市中可以快速散心的首選。

　　去到美術館後，我會先找到它的咖啡廳或餐廳，喝個咖啡或用個餐，先感受一下安靜的氛圍，進而就自然而然接觸到許多藝術品。

　　有時感動你的，不一定是牆上的名畫，大約是 2010 年，我到 MoMA 參觀，剛好藝術家瑪麗娜・阿布拉莫維奇在做行為藝術表演，她每天靜坐在博物館中庭的一張椅子上，與前來參與的觀眾進行無聲的眼神交流。不少人排隊等著要跟她對坐，不同的觀眾會產生不同感受，很多人坐到後來都一直流眼淚……。那次的觀賞經

驗給我的印象很深，更發現藝術的創作和表達方式有千百萬種，它可以很自然的走進我們的生活場景，而且看的人也會感動，讓我更相信美術館其實應該是一個有無限可能的場域，提供大眾各種多元的美感經驗和反思。

我工作上常需要出差，因為喜歡美術館展示藝術品的環境與氛圍，以及整體帶來的靈感與氛圍，每到一個城市，我就會先查一下附近有什麼美術館。比方去到義大利，就會走訪佛羅倫斯的烏菲茲美術館（Galleria degli Uffizi）感受一下義式風情；到了花都巴黎，就去逛一下奧塞美術館（Musée d'Orsay）和羅浮宮（Palais de Louvre），體驗法國人的優雅與歷史文化；還有紐約大都會博物館（Metropolitan Museum of Art）、所羅門‧R‧古根漢美術館（The Solomon R. Guggenheim Museum）和現代藝術美術館（Museum of Modern Art，簡稱 MoMA），東京都現代美術館（Museum of Contemporary Art Tokyo）與位於惠比壽的東京都寫真美術館（Tokyo Photographic Art Museum，簡稱 TOP

MUSEUM）等，都是我常去的地方，而當中我最喜歡、也最常去的美術館就是 MoMA。

我和 MoMA 的不解之緣

　　紐約有很多美術館，像是第五大道的大都會博物館有很多重要館藏，而且跨度很大，從古到今、全球文明都有，但相對它的氛圍比較莊嚴，有點像我們外雙溪的故宮，而且走到哪兒都有大批遊客。相對之下，MoMA 的氛圍就比較優雅，它給我的感覺是這樣，很安靜的環境，雖然有時候人也不少，但大家都很安靜，每個人會停下來看自己想看的，然後想自己想要想的東西。我自己因為喜歡拍照，它多數的展覽只要不開閃光燈（不作商業使用），是可以拍照的，我拍了很多在 MoMA 展出的畫作，以及它裡裡外外的環境。

　　我記得有一次出差，我約了美國的經銷商在 MoMA

見面，在這獨特的藝術氛圍下，我們激盪出極具創意的合作方式。同時，也藉此機會檢視了雙方對美學素養的深度、創造力與跳脫傳統商業框架的能力。我們暢談美與哲學，深入認識彼此不僅都勤奮於工作，還擁有深厚的人文素養以及深入合作的可能。這種對人的更為全面性觀察，不僅建立了更加深厚的信任，也為合作帶來了無限可能。

在藝術的殿堂中，我認為更能跳脫純粹商業利益的考量。透過藝術，可以讓彼此得到深度的認識，並超越傳統商業合作的框架。這些都讓人意識到：真正的夥伴關係，不僅建立在互惠互利之上，更源自於對彼此價值觀的認同與欣賞。

由於每次到紐約都會去 MoMA，久而久之，我除了成為會員，也對館方和館藏與經營策略感到好奇而進行研究，甚至還寫了相關論文，在文中我提到：「MoMA 的設立宗旨是展示收藏『當時代的藝術』，由於現代藝術在當時仍處於未定狀態，是一個相對未

知的領域，這樣的美術館可以做什麼和收藏什麼是一個懸而未決的問題。創始館長小阿爾弗雷德‧H‧巴爾（Alfred H. Barr Jr.）最初將美術館的收藏設想為『穿越時間的魚雷，它的鼻子是不斷前進的現在，它的尾巴是50到100年前不斷後退的過去』，巴爾並提議將超過50年歷史的作品出售給其他博物館。」

在洛克菲勒家族（Rockefeller family）的贊助下，MoMA從設立之初就很明確設定以收藏現代藝術為主，所以從它的現代跟當代作品演化，特別可以看出時代的軌跡和藝術趨勢。由於從一開始就設定只收藏往前推算50年以內的作品，在收藏藝術品時，有一群藝術精英與專家在幫館方選東西，作品剛被館方收藏的藝術家一來很高興，再者當時的價格也不會很高，經過專家和館方的認證，50年後這些當代藝術家的作品都賣到天價，館方這時將舊館藏賣出，再去入手新館藏，我認為這是培養新一代藝術家的雙贏策略，也是MoMA成功經營的重要關鍵之一。

藝術的觀看並沒有單一答案

此外，我也喜歡造訪位於東京惠比壽花園廣場附近的東京都寫真美術館。除了館內豐富的藏品吸引我這個數位攝影的創作者，但更讓我著迷的，卻是周圍的環境。

像是當中有一座戶外啤酒吧帶給我相當深刻的記憶。在那裡，望著來來往往的行人，我的心情完全放鬆，彷彿融入了東京這座城市的脈動，從一個遊人慢慢轉變為城市的一員。

雖然博物館前那幅巨大的羅伯特・卡帕（Robert Capa）攝影傑作《1944 年 6 月 6 日，諾曼地美軍登陸》（*D-day*）深植我心，但當下打動我的，卻是整個環境所帶來的沉靜力量。這不僅是心境的轉換，更是對美學的延續，它讓我能靜下心來，細細品味周遭陽光、綠意、行人與手中那杯冰涼的生啤酒。看起來表面上一切沒有不同，但我心中卻已經有了很大的變化。

　　在這種情境下，我彷彿不是為了看藝術品，反倒是為了這個美術館或這座城市而來，或許，我已經將美術館與整個城市，視為更大的藝術品了。

一舉數得的美術館充電法

　　總之，就像前面說的，一開始我去美術館是為了放鬆，想從緊張忙碌的工作中解放出來，想找到一個寧靜舒適、不受打擾的空間散心。後來，我發現美術館的優雅和寧靜，可以快速幫我轉換時空，帶我遠離喧囂，無形中自然而然開放心胸，對各種藝術越看越有意思，這也算是一舉數得的美術館充電法吧。

　　所以說，我認為藝術的觀看並沒有單一的正確方式，可以從知識面切入，也可以從情感、從環境等不同切入點去欣賞和體驗藝術。我們應該拓展藝術欣賞的範圍，除了藝術品本身，包括展示藝術品的場域、外在環境和整體氛圍，甚至整座城市脈動，都可以帶來美感經

驗。

　　因此，要讓美的觸角盡量延伸出去，不同的方式會帶來不同體會，沒有哪一個才是正確答案。無論是哪一種方式，藝術都能夠觸動人們的情感，而且最終會融合為一體。當你審美的方式更多元，就會發現美感無所不在，成為你自己獨一無二的美學體驗。

Chapter 5

西方重要藝術風格與特色

　　雖然我認為剛開始接觸藝術品或去美術館參觀，不妨先將個人的感受能力打開，以不設限的心態去親近新鮮的事物，因為美感來自人類的內在心靈，如果沒有感覺，只是死記藝術名詞，那就沒有意思了。

　　不過，當你開始接觸藝術作品後，就像認識一位有趣的新朋友，又或是喜歡某位偶像，自然會想要多了解對方一些。尤其在面對一些西方的經典藝術品時，雖然偉大的藝術品在形式和技術上必然有其厲害之處，足以跨越時空藩籬、感動人心，但如果對其文化背景有多一

層認識，或許就能有更為深入的體會。經過一段時日，屬於自己的美感和美學品味也會自然養成。

　　觀看藝術作品可以有多種面向，若從觀眾的個人感受出發，觀看的面向包含個人的審美體驗，以及對作品的詮釋與解讀。對於某些專業收藏家而言，則可能更側重於藝術市場，例如作品的市場價值、收藏歷史，或從經濟與社會的角度，來解讀藝術作品。

　　我將欣賞藝術品的方式簡化成兩個面向。首先是情感交流與感官的接收：當你純粹因為欣賞和喜歡而去接近藝術時，這種由形式導引而觸動感官所產生的對藝術的直覺喜好，自然就能帶來愉悅的美感體驗。另一個面向則是知識面，當你和藝術品有了初步接觸後，有些作品你也許沒有什麼感覺，但也可能有某些作品讓你很有感，想要更深入它的背景，這時候補充對於藝術的知識就有其必要。無論是了解藝術品的形式與內容、在藝術史上的位置與價值，我認為將藝術品視為一種知識去研究，絕對是重要而且有意義的。若單從作品本身出發，

　　我們可以關注其形式與技巧、風格與流派，以及主題與內容。若從藝術家的角度切入，則可探究其創作背景、創作理念，並參照其他作品以了解其創作脈絡。此外，我們也可以從歷史與文化的宏觀視野來欣賞作品，包括時代背景、藝術史定位，以及文化脈絡。當你了解得越多，對於藝術品的欣賞就會獲得不同的境界，無論是要對朋友解說、和同好討論或是作為投資收藏的能力培養，都很有助益。以下我大致列出一般人較常會觀賞到的西方藝術作品風格與其特色，大家可以根據自身興趣和喜好，再自行補充。

　　嚴格說，藝術風格並不是線性發展的，因為在同一個時間軸底下，在不同的地區或民族，經常都有不同的事件發生，或是經過跨域或跨代的影響或傳播，形成的藝術風格經常和特定時空背景有關。就像如今雖然有很多裝置藝術，但仍然也有畫家的強項就是印象派油畫，所謂的風格只是提供一個大致的光譜，方便觀賞者理解其技法和特色，這點大家可以多加留意。

史前時代到中世紀藝術

提到西方的藝術創作，最早可追溯到史前時代藝術（Pre-historic Art），像是一些雕刻或洞窟壁畫等，進入新石器時代（Neolithic Age），當人類發明燒製陶土容器後，開始在瓶罐杯盤上繪製圖案，在一些歷史古蹟或博物館如紐約大都會美術館等，都可以看到相關藏品。由於本書談到的美學思想，與希臘以降的藝術品較為相關，以下就從古希臘時期的特色談起。

古代藝術（Ancient Art）的古希臘藝術風格

古希臘對西方文明與藝術的影響極為深遠，其藝術風格可分為三個主要時期：古風時期（Archaic Greece）、古典時期（Classic Antiquity）和希臘化時期（Hellenistic Period）。古風時期奠定了許多重要的基礎，例如人體雕塑的發展；古典時期逐漸擺脫早期埃及

藝術形式的影響，技法上更加寫實，並追求理想化的表現形式，在題材上多取自希臘神話，將人類的內在精神與情感融入作品中。這種對完美、均衡和諧的追求，體現了當時的哲學思想；希臘化時期的藝術風格更加多元化，情感表達更加強烈，也更具戲劇性。古希臘古典時期的藝術風格不僅對羅馬藝術產生深遠影響，還跨越時代，成為文藝復興時期對希臘羅馬藝術的重新發現，以及 17、18 世紀古典主義（Classicism）藝術的精神源泉，甚至對之後的新古典主義（Neoclassicism）、浪漫主義乃至現代藝術都產生了深遠的影響。

　　古希臘古典時期的美學概念源自於對自然與人類形式的細緻觀察，追求「完美與和諧」的結合，並透過比例、對稱和黃金比例等數學原則呈現於藝術中。柏拉圖強調理型世界的完美，認為藝術是對現實的模仿，而現實是對理型的模仿，因此藝術距離真理更遠；而亞里士多德則認為藝術應模仿自然，展現生命的本質。古典時期的代表人物菲迪亞斯（Phidias），以雅典帕德嫩神殿

《米洛的維納斯》

的雕刻以及帕德嫩神殿中的雅典娜（Parthenos）巨型雕像和奧林匹亞宙斯神像聞名。他對人體比例的理解精準，創作中融合了理想化的美學與自然主義的細節，成為古典美學的典範。如今在希臘古蹟和大型博物館中仍可欣賞到相關作品，如帕德嫩神殿的雕塑等。另外，如今典藏於羅浮宮的《米洛的維納斯》雖然年代並非出於古典時期，但其風格延續了古典時期對人體形式的研究和理想化表現，也體現了古典時期美學理念的影響。到了羅馬時期，維特魯威（Vitruvius）在其著作《建築十書》（*Ten Books on Architecture*）總結了古典建築的基本原則，如比例、對稱與實用功能的結合。該書亦是受到希臘古典美學的啟發，並融入羅馬工程技術，對後世古典建築風格產生深遠影響。

中世紀（Medieval）藝術和哥德式（Gothic）藝術

中世紀美學和哥德式藝術同屬中世紀時期，首先，

這兩者的相似點在於它們都以宗教為主題，主要表現基
督教的信仰和教義，無論是中世紀美學還是哥德式藝
術，都非常重視象徵性，使用大量的宗教符號和象徵來
傳達精神意義。此外，這兩種藝術形式的作品多由教會
資助，服務於宗教儀式和教義傳播。

　　然而，中世紀美學和哥德式藝術在具體風格和技法
上存在明顯的差異。中世紀美學涵蓋了較長的時期，從
早期的拜占庭風格到晚期的羅馬式藝術都有所涉及。拜
占庭藝術以馬賽克、壁畫和圖標為主，強調平面化和象
徵性；而羅馬式藝術則以厚重、簡樸的建築風格為特
徵，如圓拱和厚墩。在材料和媒介方面，中世紀美學常
見手工抄寫的書籍插圖，這些插圖精美細緻，主要用於
宗教經文。此外，象牙雕刻和金屬工藝等細緻的工藝品
也常見於宗教儀式中。中世紀的羅馬式建築以厚重的牆
壁、窄小的窗戶和圓拱為特徵，這些特徵反映了當時的
建築風格。

　　哥德式藝術起源於 12 至 16 世紀，其美學特徵強調

巴黎聖母院

垂直感和光的作用，以其高聳入雲的建築和強烈的垂直
感聞名，這種風格常見於教堂和大教堂。常見的元素包
括尖拱、飛扶壁和彩色玻璃窗。哥德式美學追求的是將
人們的目光和心靈引向神聖和超越的境界。代表人物和
作品包括阿貝・蘇熱（Abbot Suger），他透過重建聖
丹尼斯教堂（Basilique de Saint-Denis）開創了哥德式建
築風格，強調光線的神聖性；以及巴黎聖母院（Notre-
Dame de Paris），其壯觀的建築結構和玫瑰窗展現了哥
德式的美學理念，並以其獨特的風格和技法著稱。

　　在哥德式風格的建築中，尖拱和飛扶壁使建築更加
輕盈且能夠建造得更高；彩色玻璃窗戶以其繽紛的色彩
和複雜的圖案描繪聖經故事和聖徒形象；石雕也是哥德
式建築中常見的裝飾，這些雕刻常有宗教象徵和寓意。
著名的巴黎聖母院和科隆大教堂（Kölner Dom），皆以
其高聳的塔樓、飛扶壁和大面積的彩色玻璃窗聞名，具
體展示了哥德式的美學理念。

　　大略來說，中世紀美學涵蓋時期較長，風格多元

《大衛像》

化；哥德式藝術則以其獨特的建築和裝飾風格在中世紀
晚期脫穎而出，影響後世甚巨。這些不同的藝術風格共
同構成了豐富多彩的中世紀藝術世界。

文藝復興到後印象派

文藝復興（Renaissance）

　　起源於 14 至 17 世紀，其美學特徵回歸古典美學，
重視人文主義和自然觀察。藝術家們追求對人類和自然
的精確描繪，並結合科學與藝術，實現完美和諧的藝術
作品。代表人物和作品包括達文西，他的作品《蒙娜麗
莎》以其細膩的光影處理和表情描繪體現了文藝復興
的美學理想；以及米開朗基羅，他的雕塑《大衛像》
（*David*）展示了人體的理想比例和力量美學。

《聖馬太的召喚》

古典主義（Classicism）

17、18 世紀西方文化藝術的主流，崇尚古希臘、古羅馬的藝術美學和思想，如希臘人重視精神的尊嚴與寧靜，以追求摹仿古希臘、羅馬作家的典型為目的。古典主義作品強調理性與克制，注重形式與結構的統一，講求清晰、明確、簡單、平衡、合宜等原則，同時也反映出復古與保守思維的美學表現。

巴洛克（Baroque）

起源於 17 至 18 世紀初，其美學特徵強調戲劇性、動感和光影對比，透過動態構圖和富有情感的表現來吸引觀眾。巴洛克藝術常常融合宗教和世俗題材，以壯觀和華麗的形式呈現。代表人物和作品包括卡拉瓦喬（Michelangelo Merisi da Caravaggio），他的作品《聖馬太的召喚》（*The Calling of Saint Matthew*）以強烈的

《歐羅巴的誘拐》

明暗對比（明暗對照法）和戲劇性情節體現了巴洛克的
美學特徵；以及貝尼尼（Gian Lorenzo Bernini），他的
雕塑《聖泰瑞莎的狂喜》（*Ecstasy of St. Theresa*）充滿
動感和情感，展現了巴洛克美學的戲劇性。

洛可可（Rococo）

　　起源於 18 世紀早期至中期，其美學特徵強調輕
盈、華麗和精緻，常以柔和的色彩、曲線和細緻的裝飾
為特徵。這一時期的藝術充滿愉快和優雅的氛圍，常
描繪宮廷生活和神話題材。代表人物和作品包括弗拉
戈納爾（Jean-Honoré Fragonard），他的作品《鞦韆》
（*The Swing*）以輕盈愉快的場景和華麗的色彩體現了
洛可可的美學特徵；以及弗朗索瓦・布歇（François
Boucher），他的作品《歐羅巴的誘拐》（*The Rape of
Europa*）展示了洛可可風格的裝飾性和優雅。

《自由引導人民》

浪漫主義（Romanticism）

　　起源於 18 世紀末至 19 世紀中期，其美學特徵強調情感、個人表達和自然的力量，反對啟蒙時代的理性主義。浪漫主義藝術家常透過戲劇性的構圖和強烈的色彩來表達情感和想像力。代表人物和作品包括德拉克羅瓦（Eugène Delacroix），他的作品《自由引導人民》（*Liberty Leading the People*）以強烈的色彩和情感表達體現了浪漫主義的美學理想；以及威廉‧特納（J. M. W. Turner），他的風景畫如《奴隸船》（*The Slave Ship*）展示了自然的戲劇性和力量，反映了浪漫主義對自然的崇敬。

現實主義（Realism）

　　起源於 19 世紀中期，其美學特徵反對浪漫主義的理想化，強調真實地描繪現實生活和社會問題。現實主

《拾穗者》

《舞蹈課》

義藝術家注重細節和現實情境，力求呈現社會的真實面貌。代表人物和作品包括庫爾貝（Gustave Courbet），他的作品《奧爾南的葬禮》（*A Burial at Ornans*）真實地描繪了普通人的生活和死亡，體現了現實主義的美學理念；以及尚－弗朗索瓦・米勒（Jean-François Millet），他的作品《拾穗者》（*The Gleaners*）描繪了農民的勞動生活，展示了現實主義對社會底層的關注。

印象派（Impressionism）

　　起源於 19 世紀後期，其美學特徵強調光線和色彩的瞬間變化，注重表現瞬間的感覺和印象。印象派藝術家常使用快速的筆觸和明亮的色彩來捕捉自然和現實生活的短暫瞬間。代表人物和作品包括莫內，他的作品《印象・日出》（*Impression, Sunrise*）以短暫的筆觸和光線效果開創了印象派的美學風格；以及德嘉（Edgar Degas），他的作品《舞蹈課》（*The Ballet Class*）描

《黃基督》

繪了芭蕾舞者的瞬間動作，展示了印象派對動態和光線
的關注。

後印象派（Post-Impressionism）

　　起源於 19 世紀末，其美學特徵在印象派的基礎上
進一步探索個人表達和形式的創新，強調色彩、形狀和
結構的實驗。這一時期的藝術家追求更深層次的心理和
情感表達。代表人物和作品包括梵谷，他的作品《星
夜》（見第 75 頁）以旋轉的天空和強烈的色彩體現了
後印象派的美學探索；以及高更（Paul Gauguin），他
的作品《黃基督》（*The Yellow Christ*）展示了強烈的
色彩和象徵性，反映了後印象派對個人表達的重視。

《獨眼巨人》

象徵主義到當代藝術

象徵主義（Symbolism）

起源於 19 世紀末，其美學特徵強調內在意涵和神祕色彩，藝術家透過象徵和隱喻來表達情感和思想。象徵主義藝術常具有夢幻和超自然的特徵。代表人物和作品包括古斯塔夫・莫羅（Gustave Moreau），他的作品《奧斐斯》（*Orpheus*）充滿象徵和細膩的細節，體現了象徵主義的美學特徵；奧迪隆・雷東（Odilon Redon）的《獨眼巨人》（*The Cyclops*）則結合詭異與想像，傳達出希臘神話中獨眼巨人的癡戀。

現代主義（Modernism）

起源於 19 世紀末至 20 世紀中期，其美學特徵強調創新和實驗，挑戰傳統形式和概念。現代主義藝術

《構成第八號》

家探索新技術、新材料和新觀念，以表達現代社會的複雜性和多樣性。代表人物和作品如康定斯基，他的抽象作品如《構成第八號》（*Composition VIII*）展示了現代主義對形式和色彩的探索。布朗庫西（Constantin Brâncuşi）的雕塑作品《吻》（*The Kiss*）強調簡潔純粹的型態，透過基本的幾何形狀來傳達深層的情感。

超現實主義（Surrealism）

起源於 20 世紀 20 至 50 年代，其美學特徵強調潛意識和夢幻，藝術家透過奇異和不合邏輯的組合來表達內心的深層情感和思想。超現實主義常運用象徵和幻想來挑戰現實的界限。代表人物和作品有畢卡索，他的作品《格爾尼卡》（見第 88 頁）以破碎和變形的形式反映了超現實主義的創新美學；薩爾瓦多・達利（Salvador Dalí），他的作品《記憶的永恆》（*The Persistence of Memory*）以融化的鐘展現了超現實的夢

《這不是一支菸斗》

幻美學；以及勒內・馬格利特（René Magritte），他的
作品《這不是一支菸斗》（*The Treachery of Images*）透
過文字和圖像的結合挑戰了現實和表象的界限。

抽象表現主義（Abstract Expressionism）

　　起源於 20 世紀 40 至 50 年代，其美學特徵強調
個人情感和自發創作，藝術家透過非具象的形式和動
態的筆觸表達內心的深層情感。這一時期的藝術強調
創作過程的即興和自由。代表人物和作品包括波洛克
（Jackson Pollock），他的作品《1948 年第五號》（*No.
5, 1948*）透過滴畫法展示了自發性和動感；羅斯科的色
域繪畫如《無題》（見第 122 頁），則以深邃的色彩和
大塊的色域強調了情感的深度。

極簡主義（Minimalism）

起源於 20 世紀 60 年代，其美學特徵強調極度簡化的形式，注重空間、材質和結構的純粹性。藝術家追求形式的簡潔和本質，常以幾何形狀和單一色彩呈現作品。代表人物和作品包括唐納德・賈德（Donald Judd），他的一系列作品《無題》（*Untitled*）以簡單的幾何形狀和空間感，展示了極簡主義的美學特徵；以及丹・弗拉文（Dan Flavin），他的霓虹燈裝置系列《無題》（*Untitled*）呈現出光與空間的互動。

普普藝術（Pop Art）

起源於 20 世紀 50 至 60 年代，其美學特徵運用大眾文化（popular culture）和消費品圖像，挑戰傳統藝術界限。藝術家透過使用商業化的圖像和技術，表達對現代消費文化的反思和批判。代表人物和作品包括安

《哇！》

迪・沃荷，他的作品《瑪麗蓮・夢露》系列（Marilyn Diptych）（見第 179 頁）以絲網印刷技術和大眾文化圖像傳達普普藝術的美學特徵；以及羅伊・李奇登斯坦（Roy Lichtenstein），他的作品《哇！》（*Whaam!*）以漫畫風格和鮮明的色彩，展示了普普藝術對大眾文化的關注。

當代藝術（Contemporary Art）

　　起源於 20 世紀末至今，其美學特徵多元化，跨界並與社會和政治議題緊密聯繫。藝術家探索新媒介、新形式和新觀念，反映現代社會的多樣性和複雜性。代表人物和作品包括傑夫・昆斯，他的作品《氣球狗》（見第 126 頁）以色彩鮮豔的大型雕塑標舉出當代藝術的創新美學；以及艾未未，他的裝置藝術《永久自行車》（*Forever Bicycle*）透過數百輛自行車展現了社會集體意識和政治批判。

　　最終，本書的目的在於拓展讀者對於美學的理解和探索，從上面快速鳥瞰一輪的西方藝術派別和美學理念，大家應該可以領略到美學的多樣性和複雜性，從古希臘的亞里士多德和柏拉圖，到現代的符號學、接受理論和現象學等，都能在眾多藝術作品中找到具體的展現和思想內涵。可以看到，每個時期各有其獨特的美學特徵和哲學背景，而不同時期的代表性藝術家則以作品為人類留下深遠的影響，並以其對美學的探索和創新，豐富了人類對美的理解和表達。

　　讓我們一同探索美的世界，體驗美的力量，並在生活中持續追求美好的事物，讓審美成為我們和諧生活的重要元素吧。

Chapter 6

改變人們觀看方式的
近代藝術理論

在認識不同時期的藝術風格後，相信很多人會對藝術家創作藝術作品的過程感到好奇。其實藝術家在創作初期不一定有明確的理論或主義，許多時候只是依靠直覺、情感和經驗進行創作。然而，正是因為藝術家（尤其是天才藝術家）的創新性和作品的獨特性，往往會引領出新的創作形式和風潮。隨著時間的推移，這些創作實踐逐漸被整理和歸納，形成了一定的創作理論或藝術運動。

　　為了拓展我們對美的感知，除了依賴感官的直覺，或是認識藝術家創作的時代背景，也可學習從各種理論來分析作品所欲傳達的理念。每個時代的思想家或藝評家都試圖用美學、哲學、社會學、心理學等方式，去深入解讀甚至是引領藝術作品背後的脈絡與意涵，幫助觀賞者找出作品在藝術史中的突破與定位，不妨多加運用。

　　尤其進入 20 世紀，社會互動和思考模式關係產生解構與翻天覆地的影響。由於藝術家創作的養分不同，產生的作品自然也不同，因此當人們觀看當代藝術作品，經常會發現其創作方式和傳統繪畫形式有很大差異，有時雖然有一些感覺，但又說不出所以然。這時若可以補充當代藝術的背景知識，對其背後的思想和發展多一些了解，就可以逐漸打開自己觀看藝術品的眼界，讓我們的審美能力更上一層樓，之後再回頭觀看我們所身處的現實世界，或許將會有一番不同的視角。

　　以下列舉一些相對知名且重要的美學創作理論，希望能有效幫助讀者理解當代藝術背後的思想與內涵。

心理分析

心理分析（Psychoanalysis）是一種心理治療方法和理論，由奧地利精神分析學家佛洛伊德於 20 世紀初創立。心理分析強調潛意識、夢境和童年經驗對個體心理發展的影響。該理論在心理學、文學、藝術等領域具有深遠的影響。

讓－馬丁·沙可（Jean-Martin Charcot）和約瑟夫·布魯爾（Josef Breuer）的研究，特別是在催眠和歇斯底里症患者的治療上，對佛洛伊德產生了重要影響。19 世紀末的心理學研究開始關注意識和無意識的區別，這為佛洛伊德的理論奠定了基礎。叔本華的哲學強調意志作為世界的本質，這種盲目而永不滿足的力量驅動著人類行為與現象；尼采則批判浪漫主義過於逃避現實，他強調生命的肯定和個人創造價值的能力，這些觀點影響了現代主義文學與哲學思潮。浪漫主義與象徵主義文學對人類情感與內心世界的深刻探索，則為心理分析提供

了豐富的素材和靈感。

　　心理分析強調潛意識在個體心理和行為中的重要作用。潛意識包含了被壓抑的欲望、記憶和情感，這些內容會影響個體的行為和情緒。佛洛伊德認為夢是潛意識的表現形式，透過解析夢境可以了解潛意識的內容和結構。夢的解析是心理分析的重要方法之一。佛洛伊德提出了人格的三重結構模型，包括本我（id）、自我（ego）和超我（super-ego）。本我代表原始的欲望和衝動，自我負責現實中的決策和行為，超我則代表內化的道德和社會規範。佛洛伊德認為個體的心理發展分為不同的階段，包括口腔期、肛門期、性器期、潛伏期和生殖期。每個階段的經歷對個體的性格和心理健康有深遠影響。心理分析理論強調防禦機制的重要性，這些機制包括壓抑、否認、投射、昇華等，個體透過這些機制來處理內心的衝突和焦慮。

　　達利的作品如《記憶的永恆》，透過扭曲的形象和夢幻般的場景，表現了潛意識的內容和夢的解析；又如

弗朗西斯・培根（Francis Bacon）的《尖叫的教皇》系列畫作（見第 89 頁），展示了內心的痛苦和焦慮，反映了心理分析中對潛意識和情感衝突的關注；路易斯・布紐爾（Luis Buñuel）的電影如《安達魯之犬》（*An Andalusian Dog*），透過夢幻和荒誕的敘事，表現了潛意識的象徵和內在衝突；瑪戈特・索布勒斯（Margot Sobol）的雕塑作品，透過扭曲和變形的人物形象，探索內心的焦慮和情感衝突，反映了心理分析對內心世界的深層探索。

這些藝術家和作品展示了心理分析理論在藝術中的應用，透過探索潛意識、夢境和情感衝突，表現出深層的心理狀態和內心世界。心理分析為藝術提供了一種理解和表達人類內心經驗的新方法，強調潛意識和情感的重要性。

形式主義

　　形式主義（Formalism）是一種強調藝術作品形式和結構的藝術理論，認為藝術作品應該被視為一個獨立的存在與封閉的系統，不應受到創作者意圖或外部社會因素的影響，其價值在於內部的形式結構，藝術作品的美學價值主要來自其形式特徵或主題，包括色彩、線條、形狀、構圖等元素，而非其敘事內容或信息。

　　此外，它也強調觀眾對藝術作品的直觀感受，認為欣賞藝術主要是一種視覺和感知的體驗，這種體驗是主觀的，但也是可以透過形式元素來提升和強化的。形式主義者通常使用形式分析的方法來研究藝術作品，其美學價值主要來自於三方面，首先強調作品的線條、色彩、形狀、構圖、比例等形式元素，這些元素的組合和相互作用構成了作品的美學價值。其次是作品內部的結構和秩序，這些結構和秩序是作品美學價值的基礎。最後藝術作品應該具備內在的一致性與和諧，形式元素之

《紅、黃、藍的構成》

間應該相互呼應，形成一個統一的整體。

　　代表作品如康定斯基 1913 年的《即興第 31（海戰）》以抽象畫強調色彩和線條的純粹形式，不依賴具體的物象或敘事；又如蒙德里安（Piet Mondrian）1930 年的作品《紅、黃、藍的構成》（Composition with Red, Blue and Yellow），用簡單的幾何形狀和純粹的原色為特徵，強調形式的純粹和內在秩序；另外莫里斯．路易斯（Morris Louis）在 1961 年的作品《貝塔拉姆達》（Beta Lambda）也是以色彩的漸變和流動效果為特徵，重視色彩的純粹形式和視覺效果；至於馬列維奇 1915 年的作品《黑色方塊》（見第 88 頁）則是強調純粹的幾何形狀和抽象形式。

　　這些藝術家和他們的作品，都是形式主義的重要代表，他們透過強調形式元素和結構來創造藝術，並推動了形式主義理論的發展。

《吶喊》

表現主義

　　表現主義（Expressionism）主要在 20 世紀初期的歐洲發展起來，強調藝術應該是內心情感、焦慮和心理狀態的外化，而不是客觀現實的模仿，表現主義者經常會以誇張和變形的形式，來表達藝術家對世界的情感反應，而不是對現實的客觀描繪。

　　對於 19 世紀末和 20 世紀初的自然主義和現實主義，表現主義者認為過於強調外部現實的描繪，忽視了內在情感的表達，加上受到浪漫主義、象徵主義和維也納分離派等前驅運動的影響，對於情感和內在經驗特別重視。除了在形式上的自由和變化是表現主義的重要特徵，也經常會使用強烈的色彩和對比，以增強作品的情感表達。對於人類的心理和精神狀態，著重探索內心的焦慮、恐懼和孤獨感等主題。

　　孟克（Edvard Munch）的《吶喊》（*The Scream*），創作於 1893 年，是表現主義最具代表性的作品之一。

《柏林街道》

孟克運用漩渦狀線條（swirling lines）和鮮明色彩來表現恐懼和焦慮的情緒；諾爾德（Emil Nolde）的《野獸的晚餐》（*Wild Beasts' Meal*），使用強烈的色彩和粗獷的筆觸來傳達原始的情感；基希納（Ernst Ludwig Kirchner）的《柏林街道》（*Street, Berlin*）描繪城市生活的喧囂和人群中的孤獨感。

　　這些作品展示表現主義藝術家如何透過形式變形、強烈色彩和主觀情感表達來創造深具個人色彩的藝術作品。表現主義的重點在於揭示內心的情感世界，這種強烈的情感表達使其成為 20 世紀初重要的藝術運動之一。

社會批判理論

　　社會批判理論（Critical Theory）是一種旨在批判和變革社會的理論，起源於 20 世紀法蘭克福學派的思想家，如霍克海默（Max Horkheimer）、阿多諾、馬爾庫

塞（Herbert Marcuse）和哈貝馬斯（Jürgen Habermas）
等。這些理論家認為，社會科學應該不僅僅描述和解釋
社會現象，還應該批判現有的社會結構，並促進社會變
革，以實現更自由和公正的社會。

　　社會批判理論深受馬克思主義（Marxism）影響，
特別是關於資本主義社會的批判。法蘭克福學派延續其
批判傳統，特別關注資本主義社會中的異化、剝削和不
平等問題。霍克海默和阿多諾批判了資本主義社會中的
文化工業，認為大眾文化和媒體被用來麻痺群眾，維護
現有的社會秩序。批判理論吸收了現象學和存在主義強
調個體經驗和意識形態等思想，並以此來分析個人在社
會結構中的處境和心理狀態。

　　社會批判理論重視對意識形態的批判，揭示隱藏在
社會結構背後的權力關係和壓迫機制。這種批判旨在解
放個體意識，促進社會變革。它認為文化和媒體是維護
社會秩序的重要工具。透過對文化產品的分析，批判理
論揭示了文化工業如何塑造和控制公眾意識。批判理論

強調理性的重要性，但不同於傳統理性主義，它提倡一
種批判性和解放性的理性，旨在挑戰和變革現有的社會
秩序。其最終目標是促進社會解放，推動社會變革，實
現更公平和自由的社會。這包括反對壓迫、剝削和不平
等，推動社會正義。

　　德國藝術家約翰・哈特菲爾德（John Heartfield）
的拼貼作品強烈批判法西斯主義和資本主義社會。透過
拼貼，他揭露了權力和壓迫的本質，試圖喚醒大眾的批
判意識；匿名街頭藝術家班克斯，他的作品以幽默和諷
刺的方式批判現代社會的各種不公和矛盾，包括政治腐
敗、消費主義和戰爭；達達主義（Dadaism）運動反對
第一次世界大戰後的資本主義社會、傳統藝術觀念以及
戰爭，透過反傳統和反理性的藝術形式，批判社會的荒
謬和不公；杜尚的《泉》（見第 125 頁）亦是社會批判
理論的重要代表作，它挑戰了人們對藝術的定義，顛覆
了傳統藝術的審美標準。

　　這些藝術家和他們的作品，展示了社會批判理論如

何透過藝術來揭示和批判社會的不公和壓迫，促進社會變革和解放。批判理論強調藝術作為社會變革工具的潛力，並以挑戰現有的社會結構，來推動實現一個更公正的社會。

現象學

現象學（Phenomenology）是一種哲學方法和理論，旨在研究人類經驗的結構和本質。現象學的發展主要歸功於胡塞爾（Edmund Husserl），但其影響也延續到海德格（Martin Heidegger）、梅洛－龐蒂（Maurice Merleau-Ponty）和沙特（Jean-Paul Sartrc）等哲學家。現象學關注意識和經驗如何構成現實，強調主觀經驗的直接描述和分析。

笛卡爾（René Descartes）的哲學強調自我意識的確定性，這為現象學奠定了基礎，特別是其對自我和

意識的關注。而康德的先驗哲學探討了人類認識的條件和結構，認為我們的認識由先天的感知和思維結構所構成，這對現象學的發展有重要影響。而布倫塔諾（Franz Brentano）提出的意向性（intentionality）概念，即意識總是指向某個對象，這意味著我們的經驗總是關於某物，這種關聯是理解經驗的關鍵，此即現象學的核心概念之一。現象學為了更深入地理解這一點，現象學使用了一種叫做「現象學還原」或「懸置」（epoché）的技術，這種方法暫時擱置對外在世界的先入之見和預設，直接考察純粹意識的經驗。

現象學還特別關注於個體的「生命世界」（lebenswelt ／ life-world），即我們日常生活中直接經驗和感知的世界。這個概念強調經驗的主觀性和具體性，並認為這些主觀經驗是理解世界的基礎。其哲學主張透過對具體經驗的反覆考察和描述，揭示經驗的本質特徵和內在結構，追求對經驗本質的直觀把握。

例如保羅・塞尚（Paul Cézanne）的作品就被視為

《聖維克多山》

現象學在藝術中的一個重要例子。他的作品透過幾何形狀和色彩來解構和重建自然景物，強調對自然的主觀感知和內在結構的探索，而不是簡單地複製現實，這與現象學對經驗本質的探索相呼應，用色上不僅關注顏色本身，更關注顏色在視覺感知中的作用和效果，這也同樣體現了現象學的理念。如《聖維克多山》（*Mont Sainte-Victoire*）系列，展現了他對自然景觀的反覆觀察和重構，強調視覺經驗的過程和變化。

　　還有保羅・克利（Paul Klee）的作品也探索了視覺經驗和形式的本質，這位曾在包浩斯學校任教的藝術家，在 1923 年的《黑色方格中的建築》（*Architecture in the Black Grid*）中，透過簡單的形狀和顏色來探討視覺感知的基礎結構。羅斯科是抽象表現主義的代表人物，他的作品如《無題（橙與黃）》（*Untitled [Orange and Yellow]*）透過大色塊的安排，創造出深具情感和沉思性的視覺經驗，他認為色彩具有精神性和象徵意義，他試圖讓觀眾直接體驗顏色和形式的本質。

《羅登火山》　　　　《雙曲面》

　　詹姆斯・特瑞爾（James Turrell）的作品如《羅登火山》（*Roden Crater*）透過光和空間的操縱，創造出沉浸式的視覺經驗，使觀眾反思感知的本質和體驗的深度。《羅登火山》是一個位於美國亞利桑那州的死火山，被特瑞爾改造成一個大型的「裸眼天文台」，讓觀眾體驗光線和空間的變化。莫里斯・梅洛－龐蒂（Maurice Merleau-Ponty）則強調身體在感知中的作用，這一觀點影響了許多藝術家，如芭芭拉・赫普沃斯（Barbara Hepworth），她的雕塑作品《雙曲面》（*Dual Form*）強調觸覺和視覺的結合，探討人與空間的互動。

　　這些藝術家和他們的作品展示了現象學如何影響藝術創作，透過強調主觀經驗和感知的本質，使藝術成為探索和反思人類經驗的一種方式。現象學的理論提供了豐富的工具和視角，幫助藝術家深入挖掘和表達人類感知和意識的複雜性。

符號學

　　符號學（Semiotics）是研究符號及其意義的學科，旨在理解符號系統如何產生和傳遞和意義。符號學的重要理論家包括索緒爾（Ferdinand de Saussure）和皮爾斯（Charles Sanders Peirce），分別從不同的角度探討了符號的結構和功能。

　　索緒爾認為，符號由能指（signifier）和所指（signified）組成。能指是符號的物理形式（如字詞、圖像），而所指是能指所代表的概念或意義。符號學強調符號與其意義之間的關係是任意的，這意味著任何一個符號都可以代表任何一個意義，這種關係是社會約定俗成的。符號學認為語言是一個結構化的系統，符號的意義來自於其在系統中的位置和關係，而不是符號本身。

　　由於符號與其所指的對象可能有相似性，如照片，也可能有直接的關聯，如煙與火；也可能是透過社會約

《瑪麗蓮・夢露》

定而聯繫的，如文字和語言。這些都涉及到能指和所指
之間的關係以及符號在語境中的使用。因此，符號學關
注符號系統的結構，研究符號之間的關係如何構成意義
的網絡，這包括語言、文化、社會符號等。符號學也
強調受眾在解碼和詮釋符號時的主動角色，不同的背景
和經驗都會對符號的理解和解釋有所影響，各種符號在
文化和意識形態中運作，都會影響人們的思維和行為模
式。

　　安迪・沃荷的普普藝術風格，深刻反映了當時美國
社會的消費文化和媒體現象。他的《瑪麗蓮・夢露》
系列運用了絲網印刷技術，將夢露的肖像重複呈現，
透過色彩的變化展現偶像符號的複製與消費，揭示出
流行文化中的淺薄與深度矛盾。芭芭拉・克魯格的作
品則借鑑廣告和雜誌的視覺語言，透過簡潔有力的文
字，對消費主義、性別問題以及權力結構提出尖銳的批
判。她的創作以紅、白、黑為主色調，將文字與圖像結
合，形成一種既直白又深刻的視覺衝擊力。勞倫斯・

《溺水之女》

韋納（Lawrence Weiner）以觀念藝術理念聞名，他認為「藝術存在於觀念之中」，作品的物質形式並非必要。他的《*A 36"×36" REMOVAL TO THE LATHING OR SUPPORT WALL OF PLASTER OR WALLBOARD FROM A WALL*》透過文字描述一個動作，將作品的實現留給觀者，從而挑戰了傳統藝術的定義，強調了語言和符號在藝術中的作用。羅伊・李奇登斯坦則將漫畫中的點狀網點和簡潔線條融入繪畫，創造出獨特的視覺效果。他的作品《溺水之女》（*Drowning Girl*）以戲劇化的構圖和誇張的表情表現流行文化中的情感方式，並藉此探索藝術與流行文化之間的邊界。

　　這些藝術家和作品展示了符號學在藝術中的應用，透過符號、語言和圖像的組合來創造和傳遞多層次的意義。符號學提供了理解和解釋藝術作品的一種重要方法，強調符號系統在文化和意識形態中的作用。

結構主義

結構主義（Structuralism）是一種強調結構和系統的理論方法，最初在語言學領域發展起來，後來擴展到人類學、文學批評、社會學和其他人文社會科學領域。結構主義的核心思想是所有文化現象都可以被理解為相互關聯的結構系統的一部分。主要的結構主義理論家包括索緒爾、克勞德·列維-斯特勞斯（Claude Lévi-Strauss）、羅蘭·巴特（Roland Barthes）和米歇爾·福柯（Michel Foucault）。

結構主義強調所有文化現象（包括語言、神話、社會制度等）都是結構化的系統，其內部各部分透過相互關聯來形成整體意義。結構主義認為符號的意義來自於其在系統中的位置和與其他符號的關係，而不是符號本身的內在屬性。結構主義者經常使用二元對立的概念來分析文化現象，例如善與惡、自然與文化等，這些對立是理解文化結構的重要工具。結構主義強調符

號意義的語境依賴性，並認為意義是透過差異而產生的，即符號的意義在於它與其他符號的不同。結構主義主要關注文化現象的共時性（synchrony）分析，即同一時間段內的結構關係，而不是歷時性（diachrony）分析，即隨時間變化的過程。羅蘭・巴特的《神話集》（Mythologies）透過對日常生活中各種文化符號的分析，揭示了符號背後的文化意義和權力結構。列維－斯特勞斯（Claude Lévi-Strauss）的《野性的思維》（*The Savage Mind*）和《神話學》（*Mythologiques*）系列，透過分析不同文化中的神話和儀式，揭示了人類思維的普遍結構。

勒內・馬格利特的作品《這不是一支菸斗》（見第 159 頁）就是透過圖像與文字的對立，探討符號與所指之間的關係，挑戰觀眾對現實和符號的理解。畫中那句法文「Ceci n'est pas une pipe.」（這不是一支菸斗）強化了圖像和文字之間的矛盾和張力，引發觀者對圖像、語言和現實之間關係的思考。索勒・樂維特（Sol

LeWitt）的觀念藝術作品強調藝術作品的結構和系統性，他認為藝術作品的「觀念」或「想法」才是最重要的，而作品的執行可以交由他人完成；例如，他的《牆上的繪畫》系列（*Wall Drawings*），通常是由助手們根據樂維特的指示和圖表來完成的，透過簡單的幾何形狀和規則來創造複雜的視覺效果，強調作品內部結構的重要性。

　　這些藝術家和作品展示了結構主義在藝術中的應用，透過強調結構和系統性，探索符號與意義的關係，挑戰傳統的藝術觀念和解讀方式。結構主義提供了一種理解和分析文化現象的新方法，強調內部結構和符號系統的作用。

後現代主義

　　後現代主義（Postmodernism）是一種文化、藝術、

建築和哲學運動，興起於 20 世紀中期，特別是在 20 世紀 60 年代以後。後現代主義對現代主義的許多基本假設提出質疑，強調多樣性、解構、拼貼和反權威的觀點。

現代主義強調理性、科學和進步，追求普遍真理和秩序。後現代主義對此提出批評，質疑這些概念的普遍性和絕對性。結構主義強調結構在文化和語言中的重要性，但後現代主義認為結構本身是有問題的，強調結構的可變性和不穩定性。由雅克・德里達（Jacques Derrida）提出的解構主義認為語言和文本是多義的，不存在固定的意義。這為後現代主義提供了理論基礎，強調意義的不確定性和多樣性。詹明信（Fredric Jameson）和李歐塔（Jean-François Lyotard）這些思想家的文化批評，批判資本主義和大敘事，認為後現代社會充滿了碎片化和模仿。李歐塔特別強調「知識的後現代狀況」，指出後現代社會中知識和真理的多樣化。

後現代主義強調對現有結構和概念的解構，認為所

有意義都是不確定和多義的。其作品常使用拼貼、混合和模仿的手法，打破傳統藝術和文化的界限，融合高低文化元素。它也反對一切形式的權威和大敘事，強調多樣性、邊緣性和少數聲音。那些作品常帶有強烈的諷刺和自反性，透過戲仿和諷刺來挑戰傳統觀念和價值。後現代主義重視文化的多樣性和多元性，拒絕單一的文化標準或價值觀。

　　羅伯特・勞申伯格（Robert Rauschenberg）的作品如《床》（*Bed*），透過將日常物品和繪畫結合，創造出拼貼效果，挑戰傳統藝術形式；辛迪・雪曼（Cindy Sherman）的《無題電影靜照》（*Untitled Film Stills*）（見第 228 頁）系列，透過自我裝扮和模仿電影場景，探討身分和性別的多重性和建構性；讓－米歇爾・巴斯奇亞（Jean-Michel Basquiat）的作品如《無題》（*Untitled*），融合了街頭塗鴉、符號和文字，反映了多文化和反權威的精神。

　　這些藝術家和作品展示了後現代主義在藝術中的應

用，透過解構、拼貼、諷刺和多元化的手法，挑戰傳統
的藝術形式和觀念，反映出後現代主義對現代社會和文
化的批判和反思。

解構主義

解構主義（Deconstruction）是一種哲學和批評理
論，由法國哲學家雅克・德里達於 20 世紀 60 年代提
出。解構主義主要關注語言、文本和意義的多重性和不
穩定性，質疑固定的結構和中心化的意義。它是後現代
主義的一個分支，特別強調結構的不穩定性和矛盾性。
法蘭克・蓋里（Frank Gehry）的作品如位於畢爾包的
古根海姆美術館，因為它的不對稱、非線性、看似解體
的設計，挑戰了傳統建築的結構與意義，因此也經常被
歸入解構主義與後現代主義的範疇。

由於胡塞爾的現象學強調意識和經驗的結構，德

里達借用了現象學的方法，並從胡塞爾「補充性」
（supplementarity）概念中獲得靈感，認為任何概念都
需要透過外部補充來完成，這意味著概念本身是不完整
的，存在不確定性和多義性。另外德里達也在符號學和
存在主義哲學的研究基礎上，質疑符號和意義的固定關
係，強調存在的多義性和無法完全把握的本質。

　　解構主義質疑傳統思想中的「中心」概念（如真
理、意義、主體），認為這些中心是構建起來的，不具
有絕對的權威。相對於中心，邊緣的、不確定的因素同
樣重要。解構主義強調對傳統的二元對立（如善與惡、
男性與女性、理性與感性）的解構，揭示這些對立中的
權力關係和內在矛盾。德里達提出「差異」概念，強調
意義是在差異和延遲中產生的，不是固定不變的。這個
概念強調語言和文本的流動性和不穩定性。解構主義認
為文本具有多重意義，沒有單一的、絕對的解讀。讀者
的參與和解讀過程是生成意義的重要部分。德里達強調
文本中「非在場」，即意義不是透過直接呈現，而是透

過缺席和間接方式來表達。這挑戰了傳統對語言和意義的理解。

芭芭拉·克魯格在其作品中結合文字和圖像，挑戰傳統的意義和權威，她的作品如《我購物故我在》（*I shop therefore I am*）解構了消費文化中的身分和自我概念；珍妮·霍爾澤（Jenny Holzer）的作品如《真理這些日子》（*Truisms*）利用公共空間中的文字裝置，挑戰觀眾對權威和常規智慧的看法，促使觀眾重新思考文字的意義；雅克·塔蒂（Jacques Tati）的電影《玩具》（*Playtime*）透過對現代城市生活的諷刺和幽默，解構了現代性和科技進步的意義，展示了生活中潛在的荒謬和矛盾；理查德·普林斯（Richard Prince）透過再攝影技術，複製和重新呈現現有的廣告圖像，如《無題（牛仔）》系列，解構原創性和版權問題，挑戰了藝術和消費文化的界限。

上述藝術家和作品展示了解構主義在藝術中的應用，透過挑戰傳統意義和權威，強調意義的多重性和不

確定性，創造出新的視角和理解方式。解構主義提供了
一種理解和分析文化現象的方法，強調語言、文本和意
義的多樣性和動態性。

生態美學

　　生態美學（Ecological Aesthetics）結合生態學與美
學，致力於探索人類與自然環境之間的深層關係，強調
藝術在提升環境意識與促進生態保護方面的核心作用。
它關注自然的內在美感價值，不僅關注外在景觀之美，
更注重生態系統的和諧與健康，提倡以可持續發展和尊
重自然為核心的行為方式。

　　生態美學的理論基礎可以追溯到浪漫主義
（Romanticism）。浪漫主義將自然視為人類靈感與情
感的源泉，認為自然不僅具有美感，更蘊含著靈性價
值，並透過例如風景畫等藝術形式歌頌自然之美。威

廉・華茲華斯（William Wordsworth）和亨利・大衛・
梭羅（Henry David Thoreau）等浪漫主義者，透過詩歌
與散文表達了對自然的熱愛與敬畏，認為自然具有啟示
意義，可以幫助人類理解生命的深層意涵。

　　生態美學的科學基礎來自生態學，它研究生物體與
環境的相互作用，關注生態系統的平衡與健康。生態學
不僅強調人類對自然環境的責任，還提出了環境保護與
可持續發展的理念，這些觀點為生態美學提供了強有力
的理論支持。現代主義在追求技術進步的同時，也帶來
了一些環境問題，從而引發了對生態問題的反思。隨後
的後現代主義進一步突破了人類中心主義的局限，強調
多樣性與邊界的模糊，為生態美學提供了批判性視角，
促使人們重新審視人類與自然的關係。

　　生態美學不僅關注自然的多樣性與複雜性對人類精
神與情感的深遠影響，也強調人類與自然之間應該和諧
共處，反對對自然的過度開發與破壞。其核心理念在於
透過藝術來表達對自然的關注，提升人們的環境意識與

責任感。藝術在生態美學中扮演著重要角色，例如生態藝術（Ecological Art）、大地藝術（Land Art）等。藝術家被鼓勵創作反映環境問題與生態保護主題的作品，這些作品能夠喚起公眾對自然的關注與尊重。同時，藝術作為教育的工具，也能夠有效傳達生態理念，促進社會行動，從而實現人類與自然的和諧共生。生態美學強調實踐性，期望透過藝術創作與社會行動，推動環境倫理的普及與可持續發展，進一步實現自然與人類的共同福祉。

安迪·戈德斯沃西（Andy Goldsworthy）是一位著名的自然藝術家，他的作品如《冰圈》（Ice Spiral）使用自然材料創作，強調自然的暫時性和變化，展現了人與自然之間的和諧關係；沃爾特·德·瑪麗亞（Walter De Maria）的《閃電場》（The Lightning Field）是一個大型土地藝術作品，位於新墨西哥州，透過鋼柱和自然閃電的互動，探索自然力量的美感和神祕；羅伯特·史密森（Robert Smithson）的《螺旋防波堤》（Spiral

Jetty）則是位於大鹽湖的一個大型土地藝術作品，透過自然材料和地形的創作，展示了人類與自然環境的互動；克里斯托（Christo）與珍妮－克勞德（Jeanne-Claude）的作品如《包裝的國會大廈》（*Wrapped Reichstag*）和《包裝的群島》（*Surrounded Islands*），透過對建築和自然景觀的包裝，喚起人們對環境和人造結構的再思考；詹姆斯・特瑞爾的作品如《羅登火山》（見第 177 頁）透過操縱光和空間，創造出沉浸式的環境體驗，強調自然現象的美感和觀察的重要性。

這些藝術家和作品展示了生態美學在藝術創作中的應用，透過強調自然的美感價值、人與自然的和諧共處、環境倫理與責任，喚起人們對環境保護和可持續發展的重視。生態美學提供了一種新的視角，使藝術成為提升環境意識和促進生態保護的重要工具。

互動美學

　　互動美學（Interactive Aesthetics）是一種強調觀眾參與和互動的藝術理論。這種美學強調藝術作品不僅僅是靜態的展示，而是透過觀眾的參與和互動來生成意義和體驗。互動美學受到了現象學、現代主義、後現代主義以及數字媒體技術的影響。

　　莫里斯・梅洛－龐蒂（Maurice Merleau-Ponty）強調感知和身體在理解世界中的重要性。現象學認為經驗是主觀的，強調觀眾在與藝術作品互動中的體驗。互動美學強調藝術家的自我表達和創新，重視觀眾的情感和認知參與。馬歇爾・麥克盧漢（Marshall McLuhan）提出「媒介即訊息」（The medium is the message），強調媒介形式如何影響和塑造信息的傳遞和接收。數字媒體技術的發展，使得互動藝術成為可能，觀眾可以透過數字技術與藝術作品進行實時互動。

　　互動美學強調觀眾的積極參與，觀眾不僅僅是被動

的觀賞者，而是藝術體驗的共同創造者。觀眾的行為和
反應成為藝術作品的一部分。互動藝術作品通常是動態
的、可變的，隨著觀眾的參與而變化，藝術作品的意義
和形式不是固定的，而是透過互動過程不斷生成和改變
的；另外它強調多感官的參與，觀眾透過視覺、聽覺、
觸覺等多種感官體驗藝術作品，加深對作品的理解和情
感聯繫。互動美學也常結合現代科技，如數字媒體、虛
擬現實、增強現實等技術，創造出新的藝術形式和互動
方式，經由強調社會互動，鼓勵觀眾之間的交流和合
作，形成集體參與的藝術體驗。

　　奧拉維爾·埃利亞松（Olafur Eliasson）的《天氣
計畫》（*The Weather Project*）是 2003 年在倫敦泰特現
代美術館展出的一個大型裝置作品；觀眾在一個巨大
的太陽和霧氣環境中漫步，體驗不同的光影效果，並
且可以透過鏡子觀察自己的反應，強調了觀眾與環境
的互動；草間彌生（Yayoi Kusama）的《無限鏡屋》
（*Infinity Mirror Rooms*）則是一系列裝置作品，觀眾

進入一個由鏡子和燈光組成的空間，體驗無限反射的視覺效果。觀眾的存在和動作成為作品的一部分，創造出不斷變化的體驗；拉斐爾‧洛薩諾－赫默（Rafael Lozano-Hemmer）的《呼吸的牆》（*Pulse Room*）以一個互動燈光裝置為核心，觀眾握住感應器，自己的心跳會被轉化為燈光的閃爍模式，創造出與觀眾生理節奏同步的視覺效果；瑪麗娜‧阿布拉莫維奇的《藝術家在此》曾在紐約現代藝術博物館展出，觀眾可以與阿布拉莫維奇面對面坐著，進行無言的互動，這種直接的互動創造了深刻的情感和心理體驗；埃涅‧卡普頓（Ernesto Neto）的《天幕》（*Leviathan Thot*）以一個大型纖維雕塑為主，觀眾可以進入和探索這個結構，感受觸覺和空間的變化，強調身體在藝術體驗中的重要性。

　　這些藝術家和作品展示了互動美學在藝術創作中的應用，透過觀眾的參與和互動，創造出動態的、多感官的藝術體驗，突顯藝術作品與觀眾之間的互動關係。互動美學不僅豐富了藝術的表現形式，也提升了觀眾的參

與感和對藝術的理解。

記憶理論

　　記憶理論（Memory Theory）是一種探索記憶的性質、過程和影響的理論，涉及心理學、哲學、文學和藝術等多個領域。這種理論強調記憶如何形塑個人和集體的身分、文化和歷史。記憶理論包括個人記憶、集體記憶和文化記憶等分支。

　　早在古希臘時代，柏拉圖和亞里士多德就探討過記憶的本質和功能，柏拉圖將記憶視為靈魂對真理的回憶，而亞里士多德則認為記憶是對過去經驗的儲存。20世紀初的佛洛伊德則強調潛意識和童年經驗對記憶的影響，提出了壓抑和無意識記憶的概念；心理學家艾賓浩斯（Hermann Ebbinghaus）的遺忘曲線和記憶保持實驗，為後來的記憶理論提供了基礎；之後的保羅・利科

（Paul Ricoeur）強調記憶的敘事性質，認為個人和集體透過敘事來建構和理解過去。

法國的社會學家莫里斯・哈布瓦赫（Maurice Halbwachs）提出集體記憶的概念，強調記憶是透過社會互動和集體認同形成和維持的；皮埃爾・諾拉（Pierre Nora）研究了記憶與物理空間的關聯，提出「記憶場所」（lieux de mémoire）的概念，這是記憶集中和表達的重要場域。

記憶理論區分個人記憶和集體記憶，前者是個人經歷和體驗的存儲，後者是由社會和文化共同體分享和維護的記憶。記憶不是被動地存儲和回憶的過程，而是一種積極建構和重構的過程；人們透過敘事和象徵來建構記憶，賦予過去經驗以意義。記憶在形塑個人和集體身分中起著關鍵作用；個人記憶影響自我認同，而集體記憶影響文化和民族認同。記憶與特定的場所和空間緊密相連，這些地方可以是地標、紀念碑或自然景觀，承載和激發記憶。記憶常常被用來服務於政治目的，透過選

擇性地記憶和遺忘來形塑歷史敘事和社會價值。

　　瑪雅・林（Maya Lin）設計的越戰紀念碑（Vietnam Veterans Memorial）位於華盛頓特區，是一個用黑色花崗岩製成的 V 形牆，刻有陣亡和失踪士兵的名字。這個紀念碑成為集體記憶的象徵場所，讓人們反思戰爭和個人犧牲；克里斯蒂安・博爾塔斯基（Christian Boltanski）的《心跳檔案》（*The Heart Archive*）則是一個全球心跳錄音收集和存儲的藝術項目，觀眾可以聽到來自世界各地的心跳聲，強調個人生命的獨特性和集體記憶的普遍性；約瑟夫・柯蘇斯（Joseph Kosuth）的《一件和三件椅子》（*One and Three Chairs*）探討了物體、圖像和文字之間的關係，暗示記憶如何透過不同的符號和媒介來表達和建構；艾未未的《記住他們的名字》（*Remembering*）由 9,000 個兒童書包組成，紀念 2008 年四川地震中喪生的學生，強調集體記憶和歷史真相的重要性；辛迪・雪曼的《無題電影靜照》系列（見第 228 頁），透過自我裝扮和扮演各種角色，探討

個人記憶和身分的建構，挑戰觀眾對記憶和現實的認
知。

　　以上這些藝術家和作品展示了記憶理論在藝術中的
應用，透過探索個人和集體記憶，表達對歷史、身分和
文化的反思。記憶理論為藝術創作提供了一種理解和表
達過去經驗的新方式，強調記憶在形塑個人和社會認同
中的重要性。

PART 3

按一下————————

攝影和數位時代的美學實踐

Chapter 7

從數位相機開始的
美學之旅

　　回想起來，在忙碌的工作之餘，我之所以會排除萬
難跳入美學領域，努力完成研究所學業並寫完論文、取
得美學博士學位，最早的開端就是數位相機。

　　前面曾簡略提過，我從小喜歡畫畫，為了能有較為
完整的表達，有時畫一幅畫會用掉很長的時間，但工作
一忙就會斷掉，一來無法為了一幅畫耗費大量時間，二
來我創作的情緒也會斷掉，時間隔太久，想法難免會有
變化，容易畫不起來，所以慢慢就擱下了。傳統相機我

小時候也接觸過，但對於重視呈現細節的我來說，暗房和沖洗技術要克服的門檻太高，拍起來不順手，隨著創業之初諸事繁重，也就自然放棄了。

數位攝影是我的「傳送門」

公司逐漸步上軌道之際，數位相機也恰逢問世。對我這種休閒時間零碎的人來說，拍照成了一種再適合不過的散心方式。每當按下快門，我便能從繁重的工作壓力中抽離，享受片刻的寧靜與放鬆，彷彿達到一種身心平衡的狀態，就像大家常說的「心流」那樣。

數位相機的操作十分便利，讓我能輕鬆調整光圈、焦距、曝光等細節，並立即檢視拍攝成果。透過學習攝影技巧和添購優秀的器材，我只需按下快門，便能將腦海中的構想化為現實。而回到家後，我又能將照片傳到電腦上，享受編輯與二次創作的樂趣，進一步揮灑創

意。

對我來說，數位攝影不僅是一種創作工具，更像是哆啦 A 夢的「任意門」，能讓我快速從工作模式切換到創作模式，盡情徜徉在藝術的天地中，滿足我對創作的渴望。更重要的是，拍照具有高度的靈活性。每次按下快門，完成一張照片後，這段創作旅程便可暫時告一段落，讓我能隨時切換回工作模式。工作與創作彼此交替，形成一種動態的平衡，讓我的生活更加充實而有節奏感。

我對數位攝影可謂全心全意地投入。在最初的 10 到 20 年裡，我對攝影器材從不吝嗇，幾乎讀遍了各種攝影相關書籍，孜孜不倦地學習攝影技術和美學。有時拍完照回家，我還會在電腦上繼續處理 6、7 個小時，樂此不疲。雖然家人起初對我的這份熱忱感到疑惑，但我告訴他們，攝影對我來說不僅是一種愛好，更是一種心理上的必需品，尤其在創業的過程中，我全身心地投入，其中的壓力和艱辛，外人是很難真正體會的。人生

不應該只有工作，若不讓自己適時切換，早晚會耗盡所有的精力。

在高壓的工作之下，攝影為我創造了一個得以喘息的空間。如果沒有這樣的調劑，我的時間可能會被其他事情消耗掉，比如像一些商業人士賺錢後熱衷於酒店娛樂，或者打高爾夫球經常一整天都不在家。相比之下，攝影是一個既經濟又實惠的休閒選擇，不僅讓我沉浸於創作的快樂，也不會讓家庭生活因此失衡。

許多人可能很難想像，我這樣一個起初只是抱著興趣的素人，為何會如此投入於數位攝影。從單純地「按一下快門」，到鑽研攝影專書、美學理論，再到投入時間製作粉絲頁、舉辦攝影展、出版攝影集，甚至在繁忙的工作之餘，擠出 9 年的時間攻讀美學博士學位。這份執著，不僅源於對攝影本身的熱愛，更是一種在創作中尋求自我實現與平衡的方式。透過我的解釋，家人也漸漸理解了攝影對我的重要性，並接納了我的這份熱愛。

攝影創作與美學思考相輔相成

　　起初，我接觸攝影只是為了休閒，單純想拍出「好照片」，鑽研設備和技術。當時，我就讀台大 EMBA，常為同學拍攝人像照，得到他們的肯定和回饋，讓我發現「按快門」也是一種社交方式，能促進與朋友之間的互動和話題。隨著在親友和同學圈中的口碑逐漸建立，我拍攝了許多讓人印象深刻的人像和風景，也記錄了自己的心情。

　　然而，有一天我開始渴望探索新的題材，對於什麼才是一張「好照片」產生更多疑問。於是我將市面上探討攝影的書籍收集了一遍，但可惜的是，大部分攝影相關的書都在介紹器材以及拍攝方式，這些以技術為主的環節，對於拍攝背後的理論與實踐十分欠缺。

　　同時也因為公司產品所面臨的競爭，不再只是技術能力與功能多寡的較量。與國外競爭對手相比，公司的產品在美感方面確實欠缺許多，多到已經成為客戶口中

的弱點。即便已經聘請紅點設計師為公司產品做整頓，但仍然沒能做出屬於自己的特色。為了解決這些問題，我非常企盼能找到美學理論的支撐。

經過對多所學校招生簡章的研究，我發現北藝大美術系博士班具有豐富的理論研究師資，是理想的學校。於是，將之前出版過的攝影集、歷年展覽經歷以及網站資料整理好，並附上研究計畫，毅然前去報考。在口試中，委員們對我從事高科技行業多年，卻選擇攻讀博士表達疑問，但我以決心和行動力說服了委員們，最終成功入學。

入學後，隨著必修課程的安排，逐步深入學習創作理論以及西方的美學、哲學，不但逐漸奠定了我的美學基礎，對於公司的管理和創新也有了與以往完全不同的突破想法，終於將公司的產品提升到能與國際大廠競爭的層次。當然，這對我長期投入的攝影創作與攝影評論，也增加了更多的元素與自信。

Chapter 8

「生活美學」與「大眾美學」

　　從第一部的美學思想到第二部的藝術風格鳥瞰，相信大家已經對西方美學與藝術的演變有了整體的認識。藝術與美學的素材來源經歷了一個漫長的演變過程：從古希臘羅馬以神話與英雄為主的題材，到中世紀以基督教為核心的表現，再到文藝復興時期對人性與世俗生活的重新發現，藝術的題材不斷豐富和拓展，反映出不同行動背景下人類精神追求的變遷。

　　自 18 世紀以來，蒸汽機、電力與電腦的發明分別引領了三次工業革命，帶來了人類社會結構與生活型態

的翻天覆地變化。工業革命不僅推動了都市化浪潮，也促使資本主義的興起、階級結構的重組，以及新的生產與生活方式的形成。這些深遠的社會變革，對人們的思想觀念產生了強烈的影響，並自然地在藝術中留下了印記。作為人類內在靈魂的傳遞者，藝術在這種變革背景下發生了巨大轉變，並進一步深化了它與時代精神的連結。

人們的關注從神聖的彼岸世界轉向了人間的日常生活，藝術的題材也隨之發生變化，從對眾神的頌讚，轉為對人類自身與身邊世界的關注與表現。這種變化不僅體現在對日常生活、工業社會與科技發展的描繪，也深入探討了各種社會問題，逐漸形成當今世界的美學背景。我們如今對藝術與美學的理解因此變得更為多元，並包含了更廣泛的文化與歷史意涵。

在這樣的背景下，「生活美學」（Aesthetics of Everyday Life）與「大眾美學」（Popular Aesthetics）應運而生。透過對這兩個概念的認識，我們得以更清楚

地看見所處的世界，並理解那些看似理所當然的思想，其實蘊含著深厚的歷史與文化根基。這不僅幫助我們理解美學如何滲透並塑造當代生活，也讓我們看到文化脈絡中的變遷，並感受到美學在當代逐漸走向民主化與多元化的趨勢。

生活美學

「生活美學」的概念並非由單一個人或學者提出，而是經過許多學者和研究者共同努力和發展而形成，其中包含哲學、美學、社會學、心理學和設計學等，致力於探索美如何融入日常生活，以及人們如何從日常經驗中創造美、感知美。幾位重要的哲學家和學者如下：

藝術和生活之間應該彼此交織 —— 杜威

　　杜威在其經典著作《藝術即經驗》中，提出了一個重要觀點：美感經驗不僅局限於藝術品的鑑賞，而是日常生活中多種活動的組成部分。他認為，當我們全身心地參與某一活動時，例如做飯、散步或欣賞自然，這些經驗本身便具有美感價值。杜威強調，藝術與生活應該是彼此交織，不應該被割裂。這種觀點奠定了日常生活美學的理論基石，呼籲我們以更敏銳的感知去體驗生活的美好。

找回生活中的詩意 —— 列斐伏爾

　　當代法國思想家列斐伏爾（Henri Lefebvre）在《日常生活的批判》（*Critique of Everyday Life*）中指出現代社會的異化，會埋葬人們的美感潛能，我們應該用新鮮的眼光去發現日常中的詩意，找回生活的美感。

美感來自與世界的連結 —— 海德格

　　在德國哲學家海德格「在世存在」（being-in-the-world）核心概念中，日常裡的每一件小事，諸如一個手製的杯子或某個簡單的問候，都蘊含深層的美學價值。他認為，當中美感來自人們與世界的深刻連結，而非孤立的審美判斷。

從日常生活發掘平凡之美 —— 齋藤百合子

　　著名學者齋藤百合子（Yuriko Saito）著有《日常生活美學》（*Everyday Aesthetics*）一書，就她的觀察，日常生活美感雖然就在身邊，但卻常被忽略，因此她認為應該透過有意識的實踐，從熟悉的事物著手，從日常生活發掘平凡之美。

尋找新時代的審美經驗 —— 舒斯特曼

當代哲學家舒斯特曼（Richard Shusterman）著有《生活即審美：審美經驗和生活藝術》（*Performing Live: Aesthetic Alternatives for the Ends of Art*），認為在丹托提出「藝術終結」論之後，新時代的審美經驗應該要和人們的日常生活做整合，透過「大眾美學」與「身體美學」（somaesthetics）尋找出路。

大眾美學

大眾美學作為一個文化現象和研究領域，雖然受到廣泛的批評，但也被認為是理解現代社會和文化的重要途徑之一。對於大眾文化的討論，出於不同的角度，會有不同的觀點與訴求，如果我們能夠深入理解，試著在高雅藝術和大眾藝術中找到平衡點，或許能夠產生互補

的功能。

　　如同本章一開始提到的，進入 20、21 世紀之後，隨著城市的興起，一般人的生活和娛樂方式開始有了重大改變，尤其隨著資本主義商業體制的盛行，電影、電視、電腦、網路、手機和 AI 的發明，使人類的生活樣貌產生巨大的改變。大眾美學（經常也被稱為「通俗美學」）特別聚焦在大眾文化和藝術之間的關係，尤其是探索「通俗」（popular）與「高雅」（high）藝術之間的界限，並試著理解和評價大眾文化的美學價值。主張大眾美學者，通常傾向認為以往的傳統美學觀容易集中在精英文化和高雅藝術，忽略了大眾文化中的創造性和價值。其研究的對象包括流行音樂（如披頭四和五月天的音樂）、電影（如好萊塢大片《鐵達尼號》〔Titanic〕與漫威系列）、電視節目（如《六人行》〔Friends〕）、廣告（如金寶濃湯和各種時尚廣告）、遊戲（如《魔獸世界》〔WoW〕和《糖果傳奇》〔Candy Crush〕等）以及日常生活中的各種審美經驗。

關於大眾美學的理論背景主要來自幾個重要思潮：

法蘭克福學派

法蘭克福學派的批評理論家如霍克海默，最早批評大眾文化是資本主義社會控制大眾的工具，並認為大眾文化使得藝術「商品化」，從而降低了文化水準。

伯明翰學派（Birmingham School）

以文化研究學者斯圖亞特・霍爾（Stuart Hall）為代表，以積極態度看待大眾文化，主張文化是生產和消費的動態過程，認為大眾文化是大眾表達自我的重要途徑，探討大眾如何在消費文化產品時賦予它們新的意義。

後現代主義

後現代主義挑戰傳統美學，強調跨界、混合和多元文化，認為大眾文化是一種重要的文化現象，應該被認真對待和研究。

理解大眾美學的四大關鍵字

大致而言，當今在討論大眾美學時，所抱持的主要論點有以下四個關鍵字：

1. 去精英化（de-elitization）：挑戰將藝術和文化分為「高雅」與「低俗」的二元對立，認為大眾文化中的作品同樣具有美學價值。如布迪厄（Pierre Bourdieu）在《區分》（*Distinction*）一書中就挑戰了「高雅趣味」壟斷文化資本的合法性。

2. 重視日常性（emphasis on everydayness）：強調日常生活中的審美經驗，例如流行音樂、電視劇、時尚

和社交媒體等，都是值得研究的對象。

3. 文化多元性（cultural diversity）：探索不同文化背景下的審美差異，並試圖在全球化語境下理解大眾文化的流動和變化。如義大利學者兼小說家艾可（Umberto Eco）就提出「開放性文本」（open text）的概念，認為大眾文化的文本是多義的，可以被不同受眾以多種方式解讀。

4. 審美民主化（aesthetic democracy）：提倡每個人都有自己的審美判斷，打破傳統美學中由少數專家主導的審美權威。洪席耶（Jacques Rancière）在《感性的分配》（*The Distribution of the Sensible*）中提出藝術和審美是社會秩序的一部分，認為審美民主化是一種打破階級和精英主導的審美秩序，讓更多人參與藝術和文化創造的過程。

對大眾美學的四項質疑

　　上述的四大觀點，可以看成是以「去精英化」為首，對傳統的美學價值的反攻，若站在早期法蘭克福學派學者的角度來看，當代大眾美學也有一些不容忽略的問題。

　　1. 淺薄化：批評者認為大眾美學作品常常追求即時的娛樂和滿足，缺乏深度和文化價值。

　　2. 同質化：大眾美學傾向於模式化，導致文化產品的單一和重複，缺乏創新。

　　3. 商業操縱：認為大眾文化受到商業利益驅動，藝術家和製作人屈從於市場需求，而非藝術創作。

　　4. 文化霸權：批評者擔心大眾文化會壓制小眾文化和本土文化，推動文化的全球同質化，削弱文化多樣性。

Chapter 9

當代攝影美學的審美理論

　　攝影看似比其他藝術形式更容易入門，但其內涵蘊
含豐富的美學意涵與多元表現角度。隨著攝影設備的普
及，大眾不僅是美學的欣賞者，更逐漸成為美學的創造
者。相較於手繪，攝影的操作更為簡便，讓越來越多的
人能夠透過攝影表達創意與情感。加之社群網路的興
起，這些攝影作品得以迅速傳播到世界各地。無論是專
業攝影師，還是業餘愛好者，只要懷抱對攝影的熱情，
都能以前所未有的方式，影響當代的審美觀與美學素
養。

相機能夠快速捕捉日常生活中的瞬間，使更多人得以透過「按下快門」的動作，將身體實踐與創作主控權結合。此外，社群網路和智慧型手機的普及更進一步擴大了攝影的傳播力與影響力。因此，攝影與生活美學、大眾美學之間的聯繫也日益緊密。

基於攝影對當代美學的重要性，本章特別彙整了重要的攝影理論，期望讀者在攝影創作或欣賞攝影作品時，能夠掌握攝影美學的基礎素養，並深入理解其背後的深層意涵。

決定性瞬間

「決定性瞬間」（The Decisive Moment）是由法國攝影師卡蒂埃－布列松（Henri Cartier-Bresson）所提出的重要攝影理論。在「決定性瞬間」理論提出之前，攝影主要受到繪畫和文學的影響，當時攝影被認為是一種

《聖拉扎爾火車站後方》

記錄工具，用於記錄現實中的場景和事件。攝影師多半尋求的是精確和清晰，並強調技術的完美和主題的再現。

　　「決定性瞬間」理論主張攝影師應該在特定的瞬間按下快門，捕捉到當下那一刻的本質和意義。這個瞬間既是動態的，也是瞬間的，但它卻能夠揭示出整個事件或情境的真實和完整。在美學判斷上著重下列幾點：

　　1. 瞬間的精確性：攝影者必須要在最能表達情感或意義的瞬間按下快門。

　　2. 構圖的完美：畫面中的每個元素應處於最佳位置，形成和諧且具有視覺張力的構圖。

　　3. 故事的完整性：應該能夠強調在瞬間中捕捉動態的美感與意義。

　　卡蒂埃－布列松的作品《聖拉扎爾火車站後方》（*Behind the Gare Saint-Lazare*）就是「決定性瞬間」理論的經典範例。這張照片捕捉了一名男子在一片水池上跳躍的瞬間，腳尖剛好觸及水面，而背景中的廣告牌則

增加了畫面的故事性和視覺趣味。這張照片展現了決定性瞬間理論的精髓 —— 在瞬間內捕捉到動態的美學和深刻的故事。

「決定性瞬間」不僅改變了攝影師對拍攝瞬間的認識，也深刻影響了攝影藝術的發展，成為現代攝影理論中的重要一環。這一理論強調了攝影師對瞬間和構圖的敏銳洞察力，並激勵攝影師在日常生活中尋找和捕捉那些稍縱即逝的、具有深刻意義的瞬間。

構圖理論

「構圖理論」（Composition Theory）的概念主要來自繪畫和設計，像是早期的繪畫大師達文西和拉斐爾

透過黃金比例、對稱性和透視法等技術，來創造視覺上和諧與引人入勝的作品，這些原則被應用到攝影當中，形成攝影構圖的基礎。

在攝影中的美學判斷中，構圖理論重視安排畫面中的元素，使照片具有吸引力和藝術性。其主要的構圖原則包括：

1. 黃金分割和三分法則：將畫面分成九個等分的區域，將主體放置在交點處，創造視覺平衡。

2. 引導線：使用線條引導觀眾的視線進入和穿越畫面，增強深度感和動感。

3. 對稱和不對稱：透過對稱構圖創造穩定與和諧的效果，或使用不對稱構圖增加動感和興趣。

4. 框架內框架：利用自然或人造框架（如窗戶、門框）將主體框起來，增加畫面的層次感。

5. 負空間：使用大量的空白空間來強調主體，創造簡潔和富有戲劇性的效果。

《月升，赫爾南德斯，
　　新墨西哥》

安塞爾・亞當斯（Ansel Adams）的《月升，赫爾南德斯，新墨西哥》（*Moonrise, Hernandez, New Mexico*）是攝影構圖的經典範例。照片中，月亮和地平線遵循三分法則，畫面穩定平衡。前景的墓碑和村莊引導觀者視線，從地面延伸至天空，層次分明，營造出深度和空間感。

這張照片的動人之處，不僅在於精湛的構圖，更在於它透過構圖和光影，傳達出超越時空的靜謐與永恆感。每個元素的安排都自然而精心，證明了攝影構圖理論如何幫助攝影師講述深刻的故事。

「構圖理論」強調畫面元素的安排和視覺平衡，幫助攝影者提升作品的質量和表達力，幫助他們能夠更有效地傳達情感和故事，並創造出讓觀眾難忘的視覺體驗。

觀念攝影

「觀念攝影」（Conceptual Photography）強調作品中的概念或觀念，比其物理形式更為重要。此一觀念的前身可以追溯到 20 世紀 60 年代的「觀念藝術」，其代表人物如杜尚、約瑟夫・柯蘇斯，其作品強調思想和意義，而非技術和美學。

由於觀念攝影注重表達思想和觀念，經常會使用攝影作為傳達抽象概念的媒介。其美學判斷包括：

1. 思想至上：作品的核心是其背後的思想和觀念，而非照片本身的美感或技術質量。

2. 多媒體融合：觀念攝影常結合文字、表演、裝置等多種藝術形式，以豐富表達效果。

3. 挑戰傳統：作品往往挑戰傳統的藝術和攝影概念，鼓勵觀眾重新思考藝術的本質和攝影的功能。

4. 概念清晰：作品需要清晰傳達其背後的思想或訊息，觀眾能夠透過作品理解藝術家的觀點。

《無題電影靜照》

　　觀念攝影的代表作品之一是辛迪·雪曼的《無題電影靜照》，這組照片模仿電影中的靜止畫面，雪曼扮演不同的角色，探索女性在文化中的形象和身分。這些作品強調角色的概念和背後的社會意涵，而非照片本身的技術或美感。

　　「觀念攝影」強調思想和意義，使攝影作品不僅是視覺上的享受，更提供一種深入的思想探討，使得作品具有深刻意涵和多重解讀可能性，為現代攝影帶來更多元的發展和創新。

生態攝影

　　「生態攝影」（Ecophotography）可以追溯到自然

攝影（Nature Photography）和環境攝影（Environmental Photography）。自然攝影主要記錄自然界的美麗景觀和動植物，而環境攝影則關注環境問題和人類活動對自然的影響。如 19 世紀晚期和 20 世紀初期的攝影師安塞爾‧亞當斯（Ansel Adams），就是透過作品展示自然的壯麗和脆弱，喚起人們對自然保護的意識。

　　因生態攝影不僅僅是記錄自然景觀，更強調自然環境的保護和可持續發展。其美學判斷包括：

　　1. 環境關懷：強調作品應表達出對自然環境的關注，喚起觀眾對生態保護的意識。

　　2. 真實再現：重視紀實性，真實記錄自然環境和生態系統，不誇大或扭曲事實。

　　3. 情感共鳴：透過視覺元素激發觀眾的情感，讓觀眾產生對自然的愛護和保護意識。

　　4. 教育意義：認為作品應具備教育價值，能夠傳達有關生態和環境保護的重要訊息。

　　生態攝影的代表作品之一是塞巴斯蒂安‧薩爾加多

《創世紀》

（Sebastião Salgado）的《創世紀》（*Genesis*）系列。這組照片展示了地球上最原始、最未受汙染的自然景觀，薩爾加多以其獨特的視角，捕捉到了自然界的壯麗與和諧，強調了人類與自然共生的重要性。

「生態攝影」將攝影與環境保護緊密結合，強調對自然環境的關懷和保護，不僅提升了攝影作品的美學價值，又能喚起觀眾的環保意識，更賦予其深刻的社會意義。

社會紀實攝影

「社會紀實攝影」（Social Documentary Photography）的前身可以追溯到 19 世紀末和 20 世紀初的紀實攝

影（Documentary Photography），尤其是那些關注社
會問題和人道主義議題的作品。早期的紀實攝影師如
雅各布・里斯（Jacob Riis）和劉易斯・海恩（Lewis
Hine），他們用相機紀錄貧困、童工和移民問題，試圖
透過照片引起公眾的關注和社會改革。這些工作為社會
紀實攝影奠定了基礎，激發攝影作為社會變革工具的潛
力。

　　社會紀實攝影注重紀實性和社會意識，其美學判斷
包括：

　　1. 真實性：要求作品真實地反映社會現實，避免任
何形式的美化或扭曲。

　　2. 社會關懷：作品應該關注社會問題和弱勢群體，
激發觀眾的同情和關注。

　　3. 敘事性：透過照片講述故事，提供社會現象的深
度解讀和背景資訊。

　　4. 情感共鳴：照片應該能夠引起觀眾的情感共鳴，
促使其思考和行動。

《移民母親》

《美國肖像》

　　社會紀實攝影的代表作品之一是多蘿西亞・蘭格（Dorothea Lange）的《移民母親》（*Migrant Mother*）。這張照片拍攝於大蕭條時期，描繪了一位疲憊不堪的母親與她的孩子，成為那個時代困境的象徵，激發了廣泛的社會關注和救助行動。另一個著名作品是沃克・埃文斯（Walker Evans）的《美國肖像》（*American Photographs*）攝影集，書中記錄美國農民在大蕭條期間的生活，透過簡潔而有力的影像，展示了當時社會的真實面貌，成為社會紀實攝影的重要範例。

　　「社會紀實攝影」強調攝影的紀實性和社會責任感，將攝影作為揭露社會問題和推動變革的有力工具。在社會紀實攝影的影響下，攝影作品不僅僅是視覺上的欣賞，更是一種社會和人道主義的呼籲，為現代攝影帶來了更深刻的意義和影響。

敘事攝影

「敘事攝影」（Narrative Photography）可追溯到早期的紀實攝影和電影。紀實攝影強調真實記錄，而電影則透過連續的影像和故事情節來講述故事。20 世紀初，隨著攝影技術的進步，攝影師開始探索如何在單張照片或一系列照片中講述故事，這為敘事攝影奠定了基礎。

敘事攝影強調透過照片講述完整的故事，其美學判斷包括：

1. 情節性：照片或照片系列應該有明確的情節和故事線，能夠引導觀眾理解故事的發展。

2. 情感共鳴：作品應該能夠引起觀眾的情感共鳴，讓觀眾投入到故事中。

3. 細節豐富：透過畫面中的細節來豐富故事內容，增加觀眾的理解和興趣。

4. 連貫性：如果是照片系列，每張照片之間應該有

杜安·邁克爾斯
談自己的作品　　《尼加拉瓜》

連貫性，構成完整的故事。

　　敘事攝影的代表作品之一是杜安·邁克爾斯（Duane Michals）的《這張照片是我的證據》（*This Photograph is My Proof*），這組照片透過系列圖像展示了一段情感故事，照片之間的連貫性和細節處理，讓觀眾能夠充分理解故事發展和情感變化。另一個著名作品是蘇珊·梅塞拉斯（Susan Meiselas）的《尼加拉瓜》（*Nicaragua*），這本攝影集以照片和文字記錄尼加拉瓜的政治和社會變革，展示敘事攝影在紀實報導中的強大力量。

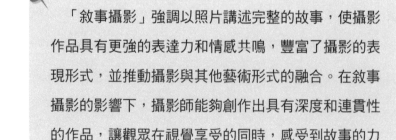

「敘事攝影」強調以照片講述完整的故事，使攝影作品具有更強的表達力和情感共鳴，豐富了攝影的表現形式，並推動攝影與其他藝術形式的融合。在敘事攝影的影響下，攝影師能夠創作出具有深度和連貫性的作品，讓觀眾在視覺享受的同時，感受到故事的力量和情感的共鳴。

主觀攝影

　　主觀攝影（Subjective Photography）可追溯到 20 世紀初的現代主義攝影運動，以及隨後的超現實主義和抽象表現主義，這些運動打破了傳統攝影的寫實性，強調個人視角、情感表達和抽象形式。代表人物如馬納·雷（Man Ray）和拉斯洛·莫霍利－納吉（László Moholy-Nagy），他們透過實驗性技術和創新方法，探索攝影的藝術潛力。

　　主觀攝影強調攝影師的個人視角和情感表達，其美學判斷包括：

　　1. 個人視角：主張作品應反映攝影師的主觀經驗和情感，而非客觀紀實。

　　2. 情感表達：透過影像表達內心世界和情感，強調作品的情感張力和表現力。

　　3. 形式創新：運用非傳統的技術和構圖方法，探索攝影的藝術潛力和表現形式。

《走過的影子》　　《淋浴》

4. 抽象和超現實：作品經常帶有抽象或超現實的特質，挑戰觀眾的視覺和感官體驗。

主觀攝影的代表作品之一是奧托・斯泰納特（Otto Steinert）的《走過的影子》（*Luminogram*）。斯泰納特是主觀攝影運動的領袖之一，他透過光畫技術創作的這張照片，展示了光影的抽象美感和動感，強調了攝影師的創意和表現力。此外，馬納・雷（Man Ray）的《淋浴》（*Ingres's Violin*），結合超現實主義的元素，將女性背部與小提琴的 f 孔結合，創造出具有強烈視覺衝擊力和情感表達的影像。

「主觀攝影」強調攝影師的個人視角和情感表達，使攝影成為一種探索內心世界和表現情感的藝術形式。這一理論打破了傳統攝影的限制，推動攝影的藝術化和多樣化發展。在主觀攝影的影響下，攝影師們得以創作出具有深刻內涵和強烈表現力的作品，為攝影藝術注入嶄新的創意與活力。

政治攝影

　　政治攝影（Political Photography）源自社會紀實攝影（Social Documentary Photography）和新聞攝影（Photojournalism），強調攝影應作為揭示社會不公和推動社會變革的工具。早期的社會紀實攝影師如雅各布・里斯（Jacob Riis）和劉易斯・海恩（Lewis Hine），他們的作品揭露了貧困和童工問題，激發社會改革；新聞攝影師則透過照片記錄重大事件，喚起公眾關注。這些先驅的工作為政治攝影奠定了基礎，強調攝影的社會和政治功能。

　　政治攝影注重揭露社會和政治問題，強調照片的社會影響力和政治批判性。其美學判斷包括：

　　1. 社會和政治批判：作品應該揭示社會和政治問題，激發觀眾對這些問題的關注和思考。

　　2. 真實性和紀實性：強調紀實性，要求照片真實反映現實，而不是被美化或扭曲。

《西貢處決》　　《凝固汽油彈女孩》

3. 情感共鳴：透過影像引起觀眾的情感共鳴，促使他們關注和行動。

4. 敘事性：透過照片講述故事，提供背景資訊，幫助觀眾理解社會和政治問題的複雜性。

政治攝影的代表作品之一是埃迪・亞當斯（Eddie Adams）的《西貢處決》（*Saigon Execution*）。這張照片拍攝於越南戰爭期間，展示了南越警察總長在街頭處決越共士兵的瞬間，這張照片強烈震撼了世界，喚起了對戰爭的反思和抗議。另一幅著名作品是尼克・烏特（Nick Ut）的《凝固汽油彈女孩》（*Napalm Girl*），照片捕捉一名越南小女孩在凝固汽油彈襲擊後逃離的瞬間，成為反戰運動的象徵，對公眾和政治決策者產生了深遠的影響。

「政治攝影」強調攝影的社會和政治功能，將攝影
視為揭露不公和推動變革的有力工具，使攝影作品不
僅僅是視覺上的欣賞，更是一種社會和政治的呼籲，
大大提升攝影的社會影響力。在政治攝影的影響下，
攝影師能夠創作出具有強烈社會和政治意涵的作品，
喚起公眾關注和行動，為社會公正和變革做出貢獻。

身分攝影

「身分攝影」（Identity Photography）的理論
基礎主要來自社會紀實攝影（Social Documentary
Photography）、人像攝影（Portrait Photography）和後
現代攝影（Postmodern Photography）。社會紀實攝影
強調紀錄和揭示社會現實，而人像攝影則注重捕捉個人

的特質和內在世界。後現代攝影反對單一視角,強調多元和批判性,使攝影成為探討身分和文化的工具。

身分攝影注重揭示和表達個人或群體的身分認同,其美學判斷包括:

1. 個人視角:強調個人視角,作品應該反映出攝影師對身分問題的獨特理解。

2. 文化多樣性:展示文化多樣性,尊重不同文化背景和身分認同。

3. 深度情感:作品應該能夠引發觀眾的情感共鳴,促使他們思考身分和自我認同問題。

4. 批判性:具有批判性,挑戰傳統的身分定義和刻板印象,探討身分認同的複雜性和多樣性。

身分攝影的代表作品之一是妮基・S・李(Nikki S. Lee)的《項目》系列(*Projects*)。在這一系列作品中,李透過改變自己的外貌和行為,融入不同的文化群體,拍攝出一系列探索身分認同和文化背景的照片。

　　「身分攝影」以攝影來探討和表達個人或群體的身分認同，令攝影師關注和表現身分問題，挑戰傳統的身分定義，間接促進對多元文化的理解和尊重。在身分攝影的影響下，攝影作品不僅具有視覺美感，更成為表達和探討身分認同的重要媒介，為攝影藝術注入了新的活力與深度。

Chapter 10

從「美顏相機」看
大眾美學與心理學

　　在研讀完龐雜的美學理論後，我發現自己除了在審美上打開了許多不同的觀察角度，也對人們在群體生活中的社會關係多了一份敏銳的觸角。尤其在進入數位時代之後，我發現手機上的美顏相機功能，以其優異的攝影效能和上傳社群網站的便捷，讓「按一下」這種美學實踐行動變得更為普及，幾乎成了全民運動。

　　正如本書開端所言，我的美學修煉之旅起因於熱愛數位攝影，想要透過美學鍛鍊，拍出更出色的好作品，

同一時間，手機和通訊網路正在席捲全世界。當大家還沒回過神來，許多人家裡的數位相機已經被遺忘，人手一支的手機裡，塞滿了五花八門無暇細數的相簿。

對於美顏相機這項應用程式的強大功能，我想大家應該都不陌生。用它拍照，可以讓人覺得自己變美，連年輕族群也喜歡用它來拍人或自拍。為數眾多的人們習慣隨時用手機自拍，再用軟體略做修飾，讓自己變美變帥，然後 PO 到社群媒體上曝光。經過一段時間，美顏相機的作用讓大眾逐漸適應，甚至認可經過修飾後的人像是美的。這也是 AI 人工智慧介入美學後的特殊現象。

許多人彼此未曾謀面，都是靠所謂的「有圖為證」的相片或錄影在網路上相互了解。無論美顏相機最終如何影響人與人之間真實的相處，會有越來越多的人繼續使用它，應該都是基於認同美顏相機美學的原因。

到底美顏相機的美學標準究竟從何而來？以下我們就來深究美顏相機的設計者和工程師團隊，是如何將龐雜的美學、心理學和社會學，悄悄融入到最新的科技工

藝上，並且逐漸形塑大眾的美學觀。

結合高科技和社會文化理論的美學考量

　　深入分析觀察後，可以發現，美顏相機在設計之初就大量運用「社會文化理論」，以加強個人和其所處社會文化環境之間的相互作用，並進一步影響個人的觀念、價值觀和行為。在美顏相機設計上，社會文化理論主要體現在以下幾個方面：

　　1. 技術與美學理論及心理學交融：美顏相機設計反映了技術與美學理論和心理學的交融。技術提供了實現美顏效果的工具，而美學理論和心理學則決定了哪些效果是被期望和追求的。這種交融體現在軟體設計、過濾器選擇和預設模式中。

　　2. 貼近社會期望與美的標準：不同文化對美的標準

和期望不同。美顏相機的設計會考慮到使用者所在文化
對美的具體期望，如膚色、臉部輪廓、眼睛大小等。設
計師透過研究這些文化標準來調整美顏功能，滿足不同
市場的需求。

3. 自我表達與社交認同：在社會化過程中，個人學
會如何透過外貌來表達自我和尋求社交認同。美顏相機
提供了一種便捷的方式，讓使用者可以調整和美化自己
的形象，以符合他們認為理想的外貌標準，從而在社交
媒體和現實生活中獲得更多的認同和讚譽。

「美顏相機」的美學原理

由於美顏相機主打可快速幫你調整出一張讓你認可
的「美照」，重點當然就是：「怎樣才是美？」「我的
美是否也是你的美？」首先，我們可以先觀察美顏相機
在設計時，到底運用了哪些技術和美學原理？

　　由於在科學家與工程師以及藝術家合作的過程中，美顏相機的設計採取了「被大眾普遍認可的美」來作為調整參數進行照片修飾，這些所謂「美的基礎」大致可歸納出黃金比例、對稱性和色彩心理學的影響。

黃金比例理論

　　美學上的「黃金比例」是將數學上的黃金比例（約1：1.618）的概念，應用在藝術、建築和設計中，是一個深植於數學、自然和藝術中的概念。它被認為可以創造視覺上的平衡與和諧，以及令人愉悅與和諧的構圖，通常用希臘字母 φ（Phi）表示，被認為是一種普遍存在於自然界和人類創作中的美學法則，若將一個長方形分割成兩個部分，使得較長的部分（a）與整體（a+b）的比例等於較短的部分（b）與較長的部分（a）的比例──這一比例被認為具有美學上的吸引力。因為它在自然界中廣泛存在，如植物的葉序、貝殼的螺旋形狀和人

體結構。在古希臘建築（如帕特農神廟）、文藝復興時期的藝術（如達文西的《維特魯威人》）和其他歷史建築中，都可見到被廣泛使用。

　　有些心理學研究表明，人們在無意識中對黃金比例的構圖有更高的美感評價。但也有人認為沒有科學證據。總之，美學的黃金比例理論雖然其美學價值難以具體量化，但其廣泛的應用和持久的影響，都足以證明它在創造和諧與美感方面的重要性。

對稱性理論

　　對稱性理論（Symmetry Theory）認為在自然界中，對稱性是一個普遍存在的現象，並且人類對其具有先天的偏好，認為對稱的物體更具吸引力和美感。通常它是指物體在一個或多個對稱軸上的鏡像對應，性可以是雙側對稱（如人臉），也可以是輻射對稱（如花瓣）。由於在自然選擇過程中，對稱性較高的個體更可

能具有良好的發育和較少的基因缺陷，因此對稱性在求偶和繁殖中具有重要作用。

美顏相機會利用對稱性理論來調整用戶的面部特徵，使其更加對稱；例如，透過微調眼睛、嘴巴、鼻子的位置和形狀，來提高面部的對稱性和整體美感。在美顏相機的自動修圖功能，通常包括對稱性調整算法，這些算法可以自動識別面部的不對稱部分，並進行適當的修正，以提升照片的吸引力。此外，許多美顏相機的濾鏡和特效也基於對稱性理論，透過調整光影、色彩和輪廓，使面部看起來更對稱和協調。

提高面部對稱性不僅增加了照片的美感，還能提升用戶的自信心和滿意度。這種對稱的美感符合人類的自然審美偏好，讓用戶在社交媒體和日常生活中更受歡迎。

平均化理論

「平均化理論」（Averageness Theory）認為，平均化的面部通常被認為比個體的面部更具吸引力。這種現象被稱為「平均效應」（Averageness Effect）。有多項實驗研究支持平均化理論，如 Langlois 和 Roggman（1990）的研究表明*，平均化的面部比個體面部更具吸引力。他們透過將多張面部照片疊加，創建了平均化面部，平均化的面部減少了不對稱和極端特徵，使其更符合這些偏好。研究發現受試者傾向更喜歡這些平均化的圖像。另外研究者也透過計算機模擬技術，創建數千個面部的平均圖像，讓受眾評分，結果這些圖像通常被評價為更具吸引力，進一步支持了平均化理論的觀點。

---

* Langlois, J. H. & Roggman, L. A. (1990). Attractive faces are only average. *Psychological Science*, 1, pp115-122. https://journals.sagepub.com/doi/10.1111/j.1467-9280.1990.tb00079.x

　　因而，美顏相機在算法設計上，常利用平均化理論來自動識別和調整用戶的面部特徵，使其更符合普遍的審美標準。相關運用有以下功能：

　　1. 面部特徵調整：美顏相機應用平均化理論來調整用戶的面部特徵，使其更接近統計平均的理想面部。例如，透過消除皮膚瑕疵、調整面部比例、增加對稱性等方式，使用戶的面部特徵更均勻、更和諧。

　　2. 自動美化功能：美顏相機的自動美化功能經常依據平均化理論，透過算法自動識別和調整面部特徵，將個體面部特徵向平均化方向調整，以提升整體吸引力。

　　3. 濾鏡和效果：許多美顏相機提供的濾鏡和效果都基於平均化理論，這些濾鏡能夠柔化面部線條、均勻膚色，使最終效果更符合人們對美的普遍標準。

　　4. 用戶滿意度：應用平均化理論的美顏效果能夠更符合大眾審美，提升用戶對照片的滿意度，增加其在社交媒體上的互動和讚譽。

　　整體而言，平均化理論透過解釋人類對平均化面部

的偏好，為美顏相機的設計和應用提供了重要的理論支
持。透過應用這一理論，美顏相機能夠幫助用戶創造更
具吸引力的照片，滿足其在社交媒體和日常生活中的美
化需求。

色彩心理學

　　色彩心理學（Color Psychology），色彩可以在無
形中影響人類情緒、行為和心理狀態，此一理論認為，
不同的顏色會引發不同的心理反應，這些反應受個人經
歷、文化背景和生物因素的影響。一般來說，不同顏
色會激起人類的不同反應；例如，暖色調（如紅色、橙
色）可能會增加興奮度和活動頻率，而冷色調（如藍
色、綠色）則有助於減少壓力和焦慮。

　　大量心理學研究支持色彩心理學的基本觀點；例
如，Elliot 和 Maier（2014）的一項研究表明*，紅色能
夠增加人們的警覺性和精力，而藍色能夠促進創造力和

冷靜。實驗研究顯示，不同顏色的環境會影響個人的生理和心理反應；例如，紅色房間可能會增加心率，而藍色房間則會使人感到更放鬆。色彩心理學在市場營銷和品牌設計中得到了廣泛應用，企業利用顏色來影響消費者的情緒和購買行為，這進一步證實了色彩對人類心理和行為的影響。此外，在不同文化中，顏色的象徵意義可能有所不同；例如，在西方文化中，白色通常代表純潔和婚禮，而在某些東方文化中，白色則與喪禮相關。顏色還會引起一些生理反應；例如，紅色可以增加心率和血壓，而藍色可以降低心率和血壓。因此不同的文化情境也是美顏相機會注意的。

　　美顏相機會利用色彩心理學來「調整膚色」，使皮膚看起來更健康、更有活力。此外，用戶還可以根據自

---

*　　Elliot, A. J., & Maier, M. A. (2014). Color psychology: Effects of perceiving color on psychological functioning in humans. *Annual Review of Psychology*, 65, 95–120. https://doi.org/10.1146/annurev-psych-010213-115035

己的情緒選擇不同的濾鏡和色彩效果，這不僅增強了照
片的情感表達，還能提使用者的滿意度和使用體驗。

格式塔心理學

格式塔心理學（Gestalt Psychology）強調人類的感
知和認知是整體性和結構性的，而不是簡單地由個別元
素組成。這一理論的核心思想是「整體大於部分之和」
（The whole is greater than the sum of its parts），認為人
類在感知和理解事物時，傾向於將各個部分組合成一個
有意義的整體，而不是單獨地處理每一個部分；例如當
我們看見一個人時，會把所有特徵（眼睛、鼻子、嘴巴
等）整體地感知成一個人，而不是單獨地看每一部分。
其相關組織原則，解釋人類如何將感官信息，組織成有
意義的整體，這些原則包括：

・**接近性（proximity）**：空間上接近的元素更容
易被視為一組。

・**相似性（similarity）**：相似的元素更容易被組合在一起。

・**連續性（continuity）**：人類傾向於感知連續的模式和形狀，而不是分散的點或線。

・**閉合性（closure）**：即使部分信息缺失，人類也傾向於補足視覺上的空缺，形成完整的形狀或圖像。

・**簡單性（simplicity）**：人類傾向於以最簡單、最有條理的方式來感知圖像和形狀。

・**圖形－背景分離（figure-ground）**：人類在感知視覺場景時，會將視覺信息分成「圖形」（前景）和「背景」，這種區分有助於理解和解釋視覺信息。

在美顏相機設計中，可以看到格式塔心理學的相關應用：

1. 整體面部美化：美顏相機不僅僅是對面部的某些特徵進行美化，而是透過對整體面部結構的理解來進行調整，保證最終效果自然和諧；例如，在進行瘦臉、美白和眼睛放大的同時，美顏相機會保持面部的整體比例

和協調。

2. 自動修圖和濾鏡應用：美顏相機的濾鏡和自動修圖功能基於格式塔心理學的組織原則，能夠自動識別和優化面部特徵，使照片看起來更為協調和自然。

3. 背景調整功能：美顏相機可以透過突出人物主題，使照片更具視覺衝擊力。

4. 用戶界面設計：格式塔心理學的組織原則在美顏相機的用戶界面設計中也有應用。比如，將功能按鈕以接近性和相似性原則進行排列，使界面簡單直觀，易於使用。

從以上設計，可以看到，格式塔心理學不僅為理解人類視覺和認知，提供重要的理論框架，在實際應用上，也提供了強人的解釋和運用。

「美顏相機」的社會化功能

　　美顏相機的應用之所以會受到歡迎，和網路時代的社群媒體盛行緊密相連，為了滿足人們需要在社群網路上的大量自我展示，美顏相機的貢獻隨處可見。

進化心理學

　　進化心理學（Evolutionary Psychology）試圖從進化的角度來解釋人類的心理和行為，認為人類的心理特徵和行為模式，是透過自然選擇和性選擇過程中逐漸形成的，以適應我們祖先所面臨的生存和繁衍挑戰。可以用以解釋人類對美的追求及其在現代社交環境中的應用。透過下列幾項功能，美顏相機成功利用人類在進化心理上形成的偏好，提升產品的吸引力和用戶滿意度。

　　1. 吸引力與配偶選擇：進化心理學認為，人類對美的追求，源於對健康和生育能力潛在指標的偏好。面部

對稱性、光滑的皮膚、明亮的眼睛和良好的身體比例等，都被認為是具有吸引力的特徵，這些特徵在進化心理學中被視為可能與生存和繁殖有關，雖然存在爭議，但是美顏相機仍然透過強調和增強這些特徵，滿足了人類對吸引力的進化偏好。

2. 自我展示與社會地位：美顏相機幫助用戶在社交媒體上展示自己最有吸引力的一面，這不僅有助於吸引潛在的配偶，還能提高社會地位和自尊心。這種行為與進化心理學中的性選擇和社會競爭理論一致。

3. 適應現代社交環境：儘管我們的心理機制源於遠古環境，美顏相機適應了現代社交環境的需求。如今的社交互動大量發生在數位平台上，美顏相機提供了一種工具，讓人們能夠在這些平台上更好地展示自己，從而獲得更多的社會認同和支持。

4. 情感與認同：進化心理學也解釋了為何美顏相機能夠帶來情感上的滿足。人類天生渴望被接納和讚美，美顏相機幫助用戶透過提升外貌來獲得這種情感滿足，

這在我們祖先的環境中可能與社會支持和合作機會相
關。

　　在各種社會實驗中也可發現，在社交媒體上使用美
顏相機修飾過的照片，的確更容易獲得按讚數和關注，
可見人們對美的偏好和社會認同的需求是一致的。

流行理論

　　「流行理論」（Popularity Theory）可用以解釋產
品、趨勢、或文化現象在大眾中迅速傳播並變得受歡
迎。此一理論認為，某些特定因素促使某些事物獲得
大眾的喜愛和廣泛接受，而這些因素可能涉及社會、心
理、文化等多方面的影響。在美顏相機設計的應用上，
流行理論可以滿足社會需求，讓使用者滿足在社交媒體
上展示完美形象的需求。隨著越來越多的人使用美顏相
機，美顏照片成為一種新的社交標準，進一步讓更多人
使用這種軟體。而且美顏相機也會不斷引入新的技術和

功能，如智能修圖、AR 濾鏡等，滿足用戶對新奇和創新的追求，保持產品的新鮮感和吸引力。流行理論在美顏上具體的展現有下列幾點：

1. 市場數據：美顏相機應用的下載量和活躍用戶數量是其受歡迎程度的直接證明。這些數據顯示，美顏相機在全球範圍內擁有大量用戶，證明了其流行性。

2. 社交媒體趨勢：在 Instagram、TikTok 等社交媒體平台上，大量用戶分享美顏照片和視頻，這些內容的高互動率和廣泛傳播證明了美顏相機的流行程度。

3. 消費者行為研究：研究表明，消費者在選擇照片編輯應用時，會優先考慮那些具有美顏功能的應用，這與流行理論中的社會影響力和心理滿足相符。

4. 文化影響力：美顏相機已成為現代數字文化的一部分，影響了人們的審美標準和社交行為，進一步證明了其在大眾文化中的流行地位。美顏相機的流行也改變了人們對美的認識和表達方式，並影響了現代社交文化和審美標準。

「美顏相機」的自我感覺良好策略

在用戶個人的自我心理層面上，美顏相機也提供了心理支持，幫助用戶在社交場合中表現得更加自信和積極，增強其使用體驗和滿意度，相關的心理理論如下。

自我效能理論

自我效能理論（Self-Efficacy Theory）是由心理學家班度拉（Albert Bandura）提出，旨在解釋個體對自己完成特定任務或達成目標的能力信念，如自我效能感（self-efficacy）是一個人對自己能夠成功地進行某一行為或達到某一目標的信心，這種信心會影響他們的動機、行為選擇和情緒反應。其主要的來源包括「個人經歷」（mastery experiences）：成功完成任務的經驗能夠增強自我效能感，而失敗則會削弱它。「替代經驗」（vicarious experiences）：觀察他人成功完成任務，尤

其是與自己相似的人，能夠提升自我效能感。「社會說服」（social persuasion）：來自他人的鼓勵和支持能夠增強自我效能感。情緒與生理狀態（emotional and physiological states）：積極的情緒和良好的生理狀態有助於提升自我效能感。

由於自我效能感會影響個體的行為選擇、努力程度、堅持性和情緒反應。高自我效能感能夠激發個體面對挑戰時的積極態度，增加個體對自己在特定情境中成功完成某一行為的能力的信念。相關的效果有以下幾點：

1. 提升用戶自信心：美顏相機透過改善用戶的外貌，增加他們對自己形象的信心，這直接提升了用戶的自我效能感。當用戶看到自己在照片中的理想形象時，他們會對自己在社交場合中的表現更加自信。

2. 鼓勵社交互動：自我效能感的提升能夠促使用戶更積極地參與社交互動。美顏相機讓用戶更樂於分享自己的照片，這些照片獲得的積極反饋進一步增強了他們

的自我效能感。

　　3. 從操作中體驗成功感：美顏相機的設計通常會考慮用戶的操作簡便性和使用滿意度。易於使用的美顏功能和直觀的界面設計能夠使用戶在使用相機時獲得成功的經驗，從而提升其自我效能感。

　　4. 提供心理支持：美顏相機不僅僅是提供外貌上的改善，還能提供心理上的支持。看到自己在照片中的美麗形象，能夠讓用戶感到開心和滿足，這有助於改善他們的情緒狀態，增強自我效能。

自我歸因理論

　　自我歸因理論（Self-Attribution Theory）認為個人會透過對自身行為結果的解釋來形成對自己的認知和情感，這些解釋被稱為歸因（attribution）。歸因可以影響個人的自尊、自信和未來的行為選擇。像是「內部歸因」（internal attribution）是將行為結果歸因於自身的

能力、努力、個性等內在因素，例如成功完成一項任務後，個人可能會認為這是因為自己的努力和能力；「外部歸因」（external attribution）則是：將行為結果歸因於外部環境、運氣、他人影響等外在因素；例如，若遭遇失敗，個人可能會認為這是因為運氣不好或他人干擾。

自我歸因在美顏相機的應用上，可以看到下列特質：

1. 提升自尊與自信：使用美顏相機後，用戶能夠看到自己經過美化的照片，這些照片通常更符合社會和個人的審美標準。這使得用戶更可能將這些美化後的形象歸因於自己的內在特質，如美貌和魅力，而不是僅僅歸因於外部技術的幫助。

2. 內部歸因的強化：當用戶透過美顏相機看到自己更加漂亮的照片時，他們可能會認為這是因為自己本來就有吸引力，只是需要一點點修飾來顯現出來。這樣的內部歸因，能夠增強他們的自信心和自我效能感。

3. 正向回饋循環：美顏相機可以幫助用戶在社交媒體上獲得更多的讚和積極反饋，這些反饋進一步強化了他們的內部歸因，使他們更相信自己的外貌和魅力。這樣的正向回饋循環，可以促使用戶更頻繁地使用美顏相機，並在社交媒體上更加積極地展示自己。

4. 情緒與行為的影響：美顏相機透過提升用戶對自己外貌的滿意度，能夠改善他們的情緒狀態，減少因自我形象不滿意而產生的負面情緒。這有助於用戶在日常生活和社交互動中表現得更自信和積極。

可見美顏相機的設計和應用，能夠提升用戶的自我歸因感，幫助用戶在社交場合中表現得更加自信和積極，增強其使用體驗和滿意度。

強化理論

強化理論（Reinforcement Theory）主要由史金納（B. F. Skinner）等心理學家提出，認為行為的出現和

強化會受到其後果（強化物）的影響。行為如果受到正向的強化，就會增加其再次出現的可能性；反之，如果受到懲罰或負向的強化，則會減少其再次出現的可能性。常會使用到方式有：「正向強化」增加該行為在未來再次出現的可能性；「負向強化」會以去除負面刺激來增加該行為在未來再次出現的可能性；例如，穿上防曬衣以避免曬傷，會增加穿防曬衣的行為；「懲罰」會以負面反饋來減少該行為在未來再次出現的可能；「消退」當某一行為的強化物被移除，該行為會逐漸減少，直至消失；又例如，若不再給予完成作業的獎勵，孩子完成作業的行為可能會減少。

在美顏相機的應用上，可以看到下列強化理論的影響：

1. 即時回饋和獎勵：美顏相機提供即時的視覺回饋，讓用戶在拍攝或編輯照片時立即看到改善效果。這種即時的正向強化（如更美麗的照片）會增加用戶使用美顏相機的頻率。

2. 社交媒體的正向強化：當用戶在社交媒體上分享美顏照片並獲得點讚和積極評論時，這些社交反饋作為正向強化，會促使用戶更頻繁地使用美顏相機，並分享更多照片。

3. 提升自信和滿意度：使用美顏相機後，看到自己更好看的形象會增強用戶的自信心，這種心理上的正向強化促使用戶繼續使用該應用。

4. 使用者行為習慣：美顏相機的設計鼓勵用戶探索和使用不同的功能和濾鏡。每當用戶發現新的美顏效果並感到滿意時，這些滿意感作為正向強化，會培養用戶的使用習慣，使其更頻繁地使用美顏相機。

從以上的理論分析可以看出，美顏相機的設計不僅融合了許多攝影相關的美學理論，更在使用層面呈現了生活美學與大眾美學之間的辯證關係。如果從法蘭克福學派的角度來看，美顏相機可能被認為是媚俗且缺乏個性，甚至成為資本主義控制大眾的工具，進一步削弱了

人們的文化品味。然而，若從「審美民主化」的視角出發，美顏相機與大眾攝影則展現了另一層意義 —— 它們打破了由階級與精英主導的審美秩序，讓更多人能夠參與到藝術與文化創造的過程之中。

——後記——

以推廣美學為己任，開啟美好學習循環

　　起初，我對於如何深入淺出地探討美學並沒有十足把握，因此嘗試將相關理論框架與個人見解融合，整理成這本工具書。一方面，我簡化並延伸了博士班研究所接觸的知識；另一方面，為避免內容流於學術性而顯得枯燥乏味，我突發奇想地融入管理學中的 PDCA 循環（Plan, Do, Check, Act，戴明循環），提出了「想一下、看一下、按一下」的美學實踐模式，期盼讀者能參考我的實踐歷程，透過這樣的循環，不斷地思考美、發現美，進而實踐美，將美學融入生活。

　　我期望這條學習路徑，能讓美學如同管理科學一般，被廣泛討論並受到重視。

讓美學拓展生命的可能性

　　管理學的核心是策略規畫，而策略的重點在於設定目標、盤點資源，最後落實行動計畫。我將「推廣美學」設定為個人目標，並憑藉有限的能力與資源，設計

了以投入博士研究和撰寫這本書為起點的行動計畫。

　　那麼，讀者學習美學的目標又是什麼呢？

　　每位讀者的背景、生活狀態和生命意義各不相同，學習美學的目標自然也因人而異。但我衷心期盼這本書能幫助讀者：

　　在生活壓力中發現美好，找到心靈的慰藉；

　　在一成不變的日常中發掘樂趣，為生活增添色彩；

　　在物欲橫流的環境中尋得一絲清新，保有內心的純粹。

　　當然，美學的價值遠不止於此，它還能拓展生命的更多可能性，引領我們發現更豐富、更深刻的世界。至於如何開啟這個學習循環，則有賴每位讀者選擇自己的起點，踏上屬於自己的美學旅程。

HELLO DESIGN HD00085

美學修煉 Cultivate Aesthetics
看見不一樣的世界，美學博士 CEO 教你打開視角拓展審美力

作　　　者 —— 盤龍 William Pan
特 約 主 編 —— 陳珮真
主編暨企劃 —— 葉蘭芳
封 面 設 計 —— 木木 Lin
內 頁 排 版 —— 張靜怡

董 事 長 —— 趙政岷
出 版 者 —— 時報文化出版企業股份有限公司
　　　　　　108019 臺北市和平西路三段 240 號 3 樓
　　　　　　發行專線 —— (02) 2306-6842
　　　　　　讀者服務專線 —— 0800-231-705・(02) 2304-7103
　　　　　　讀者服務傳真 —— (02) 2304-6858
　　　　　　郵撥 —— 19344724 時報文化出版公司
　　　　　　信箱 —— 10899 臺北華江橋郵局第 99 信箱
時報悅讀網 —— http://www.readingtimes.com.tw
法 律 顧 問 —— 理律法律事務所　陳長文律師、李念祖律師
印　　　刷 —— 勁達印刷有限公司
初 版 一 刷 —— 2025 年 1 月 17 日
定　　　價 —— 新臺幣 420 元
（缺頁或破損的書，請寄回更換）

時報文化出版公司成立於一九七五年，
一九九九年股票上櫃公開發行，二〇〇八年脫離中時集團非屬旺中，
以「尊重智慧與創意的文化事業」為信念。

美學修煉：看見不一樣的世界，美學博士 CEO 教
你打開視角拓展審美力／盤龍著 . -- 初版 . -- 臺
北市：時報文化出版企業股份有限公司, 2025.01
272 面；14.8×21 公分 .
ISBN 978-626-419-006-0（平裝）

1. CST：美學　2. CST：審美

180　　　　　　　　　　　　　　　113017259

ISBN 978-626-419-006-0
Printed in Taiwan